これならできます

ヨッシー先生の教育改革

ヨッシー先生こと

高田 次郎

樹芸書房

はじめに

「自分史とは何か」

僕はこの疑問にぶつかり「自分史」を書くことに何度も戸惑いを感じていました。それでも自分の生き様を記録として残さなくてはいけないという思いにかられ、足掛十五年余り、自分のたどってきた人生を、時々の政治・経済の動き、教育や社会的な背景とからめつつ書き綴ってきました。

自分のことを振り返り、その社会的背景等について模索するなかで、歴史家の色川大吉著『ある昭和史：自分史の試み』（中央公論社）で「自分史」という言葉に出合いました。同氏は「無名の人々が真実を表現する行為にこそ、歴史としての意味がある」と述べ「巨《おお》きな歴史の中に埋没しかかっていた個としての自分を、はっきり歴史の前面に押し出し、自分を一つの軸にすえて同時代の歴史を書く……」と主張し「自分史」を書き綴ることの大切さと意義について訴えています。

僕は生活綴り方運動の『山びこ学校』、教育雑誌『人間になる』で出会った北方教育運動などが、民衆記録運動であり「自分史」の目覚めではないのかと考えるようになりました。僕なりに解釈すると「自分史」とは自分を中心にして自分の生きてきた時代を、自分の言葉で表現するということでしょうか。僕自身を振り返ってみます。僕は一九四五年（昭和二十年）五月八日、疎開先の千葉県御宿町で生まれました。敗戦後の川崎に戻り、育ちましたから自分史には敗戦後七十余年がどんな時代で、どんな教育を受け、学んだのかを記録することにもなるのでしょうか。

色川大吉の「自分史」についてもう少し引用して考えてみました。

「指導者中心の歴史から、激動の歴史を生き抜いた民衆の一人ひとりに、自分のかけがえのない経験を、それぞれの足跡として書いてほしい」と僕らに願い、歴史の専門家には「民衆の呟きや重い経験をたぐりよせながら、その中にある本質的なものを選び出し、全体史の流れの中に関連づけていく作業……」と彼らの役割を訴えています。

僕は「『自分史』をなぜ書くのか」という疑問に、曖昧な答えしか出せなかったところへ、いま明確にとらえることができるようになりました。つまり、一人ひとりの喜怒哀楽といった貴重な経験、呟《つぶや》き・怒り・疑問・感激・喜びなどを、事実にそって、自分なりの言葉で表現し、足跡として書き綴ることとこそが大切で、それらは真実の歴史を築き上げていく礎《いしずえ》となるということではないのかということです。そこに「自分史」がある、と認識するようになったのです。

「自分史」を書き綴る上で、僕は立身出世した勝ち組の記録を残すことではないし、生活保護家庭（準保）から脱け出した苦労話など負け組の記録でもないことは、前述の内容から明らかです。また、僕は半藤一利の「半藤史観」にも着目し、「自分史」について考えてみました。七十年余りを生きてきたこと、それらを丹念に一つひとつ拾い書き綴ること、「半藤史観」の真実を重ね、真理を求めるという観点を忘れずに「自分史」をまとめていくことの大切さに気付きました。

本書を記すにあたって、登場された人々が特定され、不利益や誤解を被ることは本意ではありませんので、すべて仮名の配慮をしていることにご理解いただければ幸いです。

また、事実をもとに書き綴ったというものの誤解や偏見・差別を助長し、個人攻撃するなどは断じて認められません。それゆえに事実を必要に応じて加除修正したことや、事実は僕自身の一方的な認識であることを承知願えればと思います。

ヨッシー先生こと
高田次郎

これならできます
ヨッシー先生の教育改革

●目　次

目次

PART Ⅴ 〈壮年の期〉――――105

目　次

PART Ⅰ

〈少年の期〉

日本冶金の家族用住宅（昭和25～60年頃）

⑴ 敗戦後の街で

一九四五年（昭和二十年）八月十五日。日本はポツダム宣言を受諾し、米国・英国・中国の降伏要求を受け入れ〝終戦〟となりました。世間一般は〝終戦〟と表現していますが「敗戦」が正しい表現です。僕は子どもの頃を思い出すたびに「敗戦だよね」と見つめ直します。敗戦は平和憲法を手に入れました。

その頃のわが家は川崎大師近くに、当時三歳になる次兄と両親の三人暮らしでしたが、川崎大空襲で焼け出され、移転先の川崎市四ツ谷でも米軍の焼夷弾や爆弾による無差別攻撃を受けて再び焼け出されました。この体験から分かるように「終戦」ではありません。時の権力者の都合のよい表現で事実を歪曲され、惑わされてはいけません。

家族三人は父・正己の実家である千葉県御宿町に疎開しました。僕はそこで生まれましたが、数年ほど過ぎてからでしょうか、焼け野原になった川崎に移り住みました。

疎開先での出来事ですが、僕が何歳頃のことでしょうか。夏のある日、両親は畑に放り出したままの僕のことをすっかり忘れてしまいました。僕は日射病にかかってしまいました。父のしょいかごに入れられ、山道を一時間以上もかけて病院に行き、かろうじ

て助かりました。（叔父・善雄談）

敗戦後、父は疎開先の御宿から川崎にある日本冶金まで蒸気機関車を乗り継いで通勤したそうです。叔父にあたる善雄は、弟・正己の頑固な性格をそんなエピソードを引き合いに交えて語ってくれました。

父・正己についてもうひとつ。僕は子どもの頃、父の右手人差し指の先端が気になっていました。第一関節が切断されていたのです。「脱穀中によぉ、切断しちゃったさぁ。俺はびっくり。何しろ正己の奴、うんともスンとも言わねぇっぺ、脱穀中のワラがみるみる赤く染まってよぉ」。（叔父・善雄談）僕は三、四歳の頃、父・正己の勤める日本冶金の六軒長屋に移りました。

『川崎市史』によると川崎大空襲は、一九四二年（昭和十七年）に最初の空襲に合い、一九四五年（昭和二十年）四月四日と十五日に大規模な空襲がありました。一九四四年（昭和十九年）の川崎市の人口は三十三万五千四百七十一人で、一九四五年（昭和二十年）の大空襲による罹災人口は十五万四千二百四十六人ですから人口の半分が空襲にあったことになります。軍需工場が集中していた僕が住む川崎南部は完全に壊滅状態でした。

僕に戦災の記憶はありませんが、敗戦後の暮らしぶりは今でも覚えています。空腹の毎日でした。平日は学校給食があり、固いクジラの肉と腹いっぱい飲むと下痢する脱脂粉乳（豚のエサ）、噛《か》んでも噛み切れないパンがあったので助かりました。土・日は指と同じ太さのサツマイモ二本でした。誰も同じ環境にありました。

爆弾の跡には直径一〇メートル以上の大きな穴がいくつも生まれ、そこに雨がたまって池ができました。悲しいことにこの空き地で遊び友達が足をすべらせ、死んでしまったことがありました。校長先生が朝礼のとき、悲痛な声で僕らに「爆弾の跡地で遊ぶな」と訴えていたことを記憶しています。

六軒長屋のわが家から歩いて十分ほどの所に通称〝日本冶金の食堂〟がありました。当時としては珍しいコンクリートの建て物でした。焼夷弾の直撃を受けたのですが、柱だけは残り、焼け跡にトタン屋根の小屋やテント小屋を建て、十数人が寝起きしていました。傘を立てたままの人も見かけました。ほぼ全員が冬でも上半身裸でした。トイレは草っ原の中にありました。もちろんドッタン便所で、草の葉でお尻を拭く状態で、へドを吐くような臭いと（わが家では新聞紙でお尻を拭く、ちょっとした〝文化生活〟でした）、背丈を越すほどの草が便所の周囲に生い茂っていて、夜はとっても怖い危ないそして不衛生でした。ＤＤＴをまかれて周囲が真っ白。僕も全身に浴びました。

あるとき、学校で「チョコレートです」と担任からチョコレート風味の虫くだしをもらいました。たしかにチョコレートの匂いがするので、僕らは歓声をあげて夢中で食べたものです。昼近くになると大変。肛門の辺りがムズムズしてくるのです。白くて太い回虫が教室の床に何匹も横たわっていました。「お前のズボンから回虫が落っこちたぁ」なんて言う会話が日常的でした。

両親（父・正己、母・多津）と四人の兄弟妹は六畳、四畳半二間の六軒長屋で生活しました。そうした長屋は約百棟ありました。粗末なバラック住宅の裏手はごみの山で、夏を過ぎるとキュウリ・カボチャ・スイカのつるがあちこちに伸び、生ごみと処理しきれない生活用品の残骸と、時には犬猫の死体までが山積みとなって放置されていました。僕らは鼻をつまんで登校しました。

僕は朝礼で並ぶと一番前か二番目でした。父親ゆずりのまっ黒で痩《や》せて、通知票には「栄養不良」と書かれたほどでした。でもパワーはありました。工都川崎は労働者の街だったからでしょうか。

父・正己は日本冶金の部品管理担当をしていました。岩倉鉄道学校を卒業し、運転士として北九州小倉の国鉄に就職内定したのですが、両親の反対で日本冶金に縁故採用されました。僕の名前は同社の社長と同じ「次郎」ですから、名付け親というのは本当のようです。

僕が日本冶金に就職していたら、僕の人生はどうなっていたでしょうか。世間の噂によると縁故採用の強い企業といわれ、当時の森次郎社長直々に命名されたと知れれば、僕は一国一城の主に出世したかも知れません。なお、日本冶金は戦前からの新興財閥・森コンツェルンのひとつ。第二次大戦中は軍需産業の一角を成し、飛行機や戦車のボディを中心に製造したようです。

僕の少年時代から青年時代までの約三十年間を過した川崎大師河原・小島新田の歴史的・社会的な背景を『神奈川県史』や『川崎市史』等を参考に、簡単にまとめて僕がそこでどう生活し、何を考えていたのかを自分史の少年期・青年期の補充とします。

大師河原の一角を占める小島新田は、江戸時代後期の小島六郎左衛門が事業の中心となって干拓し開発しました。そこで地名や駅名に小島とか小島新田が残っているのです。僕の小中学校時代に小島姓を名乗るクラスメートが何人もいました。六郎左衛門の子孫でしょうか。小学校の沿革史（誌）には六郎左衛門は登場しません。先生は街に関心がないようです。大師河原は川崎地域（川崎町・田島村・東京湾沿いの御幸村・大師河原）のひとつです。現在は、川崎町・田島町、御幸町・大師町他をまとめて「川崎」と呼んでいます。大師河原と呼ぶ人はほとんどいません。戸籍上にその地名があるだけです。大師河原は江戸時代後期から大正の中頃にかけて梨と桃の栽培が盛んでした。大師河原村（現・日出町）の当麻辰次郎による長十郎梨は実が固かったのですが、たっぷりとした水分と甘味から全国に広がりました。のりの養殖も盛んとなり農業の副業でもありました。農作業がひと息つく十二月には明け方の四時頃からのり採集用のポンポン船が暗闇を突き抜けて走りました。

一九五五年（昭和三十年）頃からの工場進出によって海は埋め立てられ、田畑は工場や労働者の住宅に変わっていきました。僕の少年時代は田畑があちこちにあり、日本冶金・日本金属・いすゞ自動車などの大企業とその関連の中小零細企業が次々と進出してきた頃でした。海は日本石油・日本ゼオン・日本鋼管などによってヘドロ化していきました。働き場が増え、生活の質が向上していきました。僕はそうした環境下で育ちました。

今日では環境汚染が語られるようになりましたが、海がヘドロ化し、空気は危険な硫黄酸化物（ＳＯｘ）を中心とする産業公害・光化学オキシダント・地球温暖化といっそう困難な状況におちいってから、人は環境汚染について考えるようになりました。

いすゞ自動車は羽田飛行場を眺めるように、多摩川の河口にありました。僕らが住む街には、自動車関連の中小零細会社が鉄鋼関係の会社とともに数多くありました。

小学校に入学した頃は戦後も間もない一九五一年（昭和二十六年）ですから、あちらこちらで労働争議が起きていました。大師中央病院隣のいすゞ自動車の系列会社である大田自動車には赤旗が乱立し、長期のストライキがあったことをうっすら覚えています。赤旗と労働歌が正門前に溢れ、歌われていました。僕は正門前でベーゴマ遊びをしました。ボロボロの服をまとい、数か月も伸ばしたであろう髪と髭面に、サンダルで歩く〝素性不明〟の男が三千人も住む日本冶金の六軒長屋に無心にやって来る時代でした。

「乞食だ、乞食が来たぁ」と僕らは大騒ぎ。あわてて玄関をしめて居留守を使う家庭。何らかの物を与え、バケツに入った水をぶちまける家庭も。僕は「キョーサン党に入ると乞食になるよ」と洗脳されたものです。悲しいことに僕らは彼らを追いかけ、石を投げつけ「乞食、乞食」「キョーサントウ」「チョーセンジン」と大声で罵声を浴びせ、嘲笑し、軽蔑し、街から追い出したものです。偏見や差別意識を植えつけられたものでした。

彼は大師橋の下の掘っ建て小屋にいました。

一九五五年（昭和三十年）頃から経済も徐々に発展し、「もはや戦後ではない」と当時の総理大臣・池田勇人は所得倍増を訴え、高度経済成長が始まりました。僕が住む街も目に見えるほどの変化をもたらしました。田畑は町工場と小さな一戸建て住宅群に代わり、見知らぬ人たちが地方の言葉でまくし立て、あちこちで小便をし、公衆浴場は酒と男の汗で異様な臭いに溢れ、騒音と粉塵の舞う街に変わっていきました。

この頃、政府は東日本の海沿いを埋め立て、巨大なコンビナートを定例の閣議で決めて、計画したようです。千葉の木更津方面まで見えた塩浜海岸は埋め立てられ、春は潮干狩り、夏は海水浴、秋になるとハゼやアジ釣りを楽しんだことも記憶の中に押し込められてしまいました。そして、海はヘドロ化し空気は汚れ環境汚染が広がっていきました。父が病死した結果、生活保護家庭という厳しい環境に変化したわが家ですが、高度経済成長下にあって僕の母は工場の便所清掃という職を手にし、親子五人は辛うじて生きながらえました。

僕は本能的に「高度経済成長」の影の部分に気付きました。夏の海は近寄れないほどの異臭を放ち、その強烈な臭いは、就寝中に食べた物を吐き出させ、わが家の近くの道路や工場の騒音は産業道路の中央にいる時と同じ八〇デシベルを超え、その環境の下で生活をするようになったからです。この苦い体験は人の考えやできごとを多面的・重層的に見つめ受け止めて考えるきっかけをつくりました。社会に目を向け、一つひとつの動きに注目するようになりました。日記には浅沼稲次郎の刺殺事件や松川事件などについて記していることからも、僕が社会に関心を持ちつつあることが分かります。

一九五一年（昭和二十六年）、僕が小学一年生頃の話にもどります。

僕はベーゴマ・かんけり・すずめ捕り・めんこ・手りけん・ちゃんばらごっこと遊びに夢中でした。戦後ですから、空き地はあちこちにあります。〝けん玉博士〟と言われたり、またブロックを使ったすずめ捕りは天才的で、周りのお兄さんたちを喜ばせたものです（彼らはすずめの肉で酒を飲んだのでしょう）。すずめ捕りを〝バッタン〟と言いました。コンクリートブロックで頭を押さえつけられた雀ちゃん、羽をバタバタしてそのうちに気絶する……だからバッタンと。とんでもない遊び道具でした。

僕は馬跳びが嫌いでした。一番始めの友だちが壁に背中をつけて立っています。二番目はその子のおなか周りに肩をつけて、三、四番目は前の友だちの背中とお尻をつかんで馬になります。そこへ跳び込むのです。跳び込んだ友だちは馬の背中に思い切り着地。ついでに自分の尻をブルブル震わせ、これでもかこれでもかと馬の頭をねじちぎるのです。ついでに臭い屁をします。これは痛い臭い!!　以来、僕はこの遊びと鉄棒はいけません。

跳び箱と自転車、殊に走っている自転車に跳び乗ることは生涯できません。ちなみに自転車は二十歳で乗れるようになったほどです。

遊びはとっても大切です。人と人との関わりも学びます。命の大切さを身をもって学びます。ろくに遊べない現代の子どもたちは本当にかわいそうです。子ども時代ほど自由でのびのびとできる時間はありませんからね。

企業社会にとっても遊びを知らぬ労働者は使いにくいのでは……と思うのですがいかがでしょうか。

創造性や意欲の乏しい、理屈をこねる、保身しか考えぬ、忖度しかできない、気がついたら〝社畜化〟した人間、定年退職したら町中をボーと犬とお散歩。そんな彼らの仕事っぷりはどうだったかな?! よく遊んだ子には、こんな大人に成長し老化していないと思うのですが……。

(2) 朝から晩まで遊んでばかり

遊びに伴う話題なら際限なくあります。そのいくつかを呼び起こしてみました。

「作るあそび」では紙ずもう。余談ですが、僕は背のヒョロッとした大関の名寄岩関が大好きでした。ダンボールでわざわざ長身の名寄岩を作り、顔を描き、星取表も作り「名寄岩ぁ！」と応援したものです。三十年後、僕は名寄岩関の出身地である北海道名寄市生まれの妻・喜久枝と出会うことになります。

例によって「作る」「跳ぶ」はいけません。

紙ひこうきは特攻隊、糸まきタンクは自爆。竹馬は「ベチャ馬」がせいぜい。でもコマ遊び・ケン玉・メンコは天才的能力を発揮し、特にメンコでは上級生から五〇枚、一〇〇枚とメンコを奪い取り、ケンカの原因をつくりました。雨が降っても軒下付近でメンコ遊びです。そして最後には上級生とケンカ。

「水」に関わる遊びでは海が近くにありましたから、釣りが中心でした。大人になって船釣りに目覚めたのは、子どもの頃の体験があったからでしょう。ハゼのポイントを知っていて大漁に釣りましたが、魚嫌いの母親から文句を言われ、知り合いの家のにわとりのエサになりました。たった一度ですがハゼの甘露煮を作ってもらったことがありました。

また、風呂おけの中でもぐったりするのですが泳げません。泳げないのに水遊びに夢中になりとんでもないことをしてしまうのです。池で溺れ、海では人に助けられ、のり採取用のベカ舟に乗って（弟もいっしょでした）沖に流され、恐怖のどん底を体験しました。これらの大失敗を僕が四十歳になってオフクロに告白しました。母は「アホ！　そんなことばかりして。本当に手のかかる子だったよ。まぶたを切られ、耳の裏はバットでぶっ飛ばされ……今は奥さんに迷惑かけているんじゃないの？　そおそお、ガラスの破片で右目を切られた時は——お前がタレ目になったのはそのケガのせいで、女にモテなかったはずさ」と余計なことまで言われてしまいました。

母・多津はさんざん苦労した後、七十九歳で病死しました。母の弟・鈴木実と数年間を競馬に夢中になったことが幸せな時間だったのかも知れません。彼は顔半分と手に大きな火傷をし、ケロイド状となっています。

僕は彼から多くを学びました。僕が障害児・者に偏見や抵抗がないのは彼のおかげといっていいでしょう。

(3) 地上の楽園・パラグアイ移住・語らず語れぬ先生

一九五〇年（昭和二十五年）朝鮮戦争が勃発し、日本はこの特需景気によって経済発展につながりました。

僕の小学一年の昼食は親指ほどのサツマイモ二本でした。塩や砂糖は配給制度で国が管理していましたので、手に入ることは珍しい時代でした。米穀通帳を持ってお米を買いに行きました。

一九五六年（昭和三十一年）「もはや戦後ではない」と『経済白書』に記され、日本は短期間で復興し高度経済成長につながるのでした（朝鮮戦争が日本の経済を建て直したことを知るべきです。人を殺してもうけたのです）。僕が六年生の頃、日記には当時国鉄（現ＪＲ）川崎駅地下道に松葉杖をついた白衣姿の傷痍《しょうい》軍人がハーモニカやアコーディオンを演奏していたことを記しています。さすがに敗戦後十年余ですから浮浪児といわれた子たちはいなくなりましたが、夕方になるとどこからか一斉に怪しい女性が現れました。いわゆる「赤線」といわれる地域です。繁華街やその周辺はけばけばしいネオンとパチンコ店、簡易飲食店などで溢れるようになり経済の復興が様々な形で歪みを生じながら広がり発展しました。街のリーダーが欲得に溺れなければ川崎はよい街に発展したことでしょう。さらに、僕の身の回りに理解できない悲しい別れが次々と起こりました。在日朝鮮人の帰国事業や戦後の食糧難と人口問題の「人べらし対策」としての海外移住でした。金日成時代の「地上の楽園」に帰った金さん。僕は小柄な彼女の最後の別れの言葉を覚えています。なぜか、クラス担任や身の回りの人たちから「金と話すな」と何度も言われました。彼女とは二年間も同じクラスだったのに、一度も話したことも遊んだことも「おはよう」の挨拶すらしたこともありませんでした。「教師の責任」とは曖昧で抽象的な表現ですが、子どもたちに何が起きているのか、説明する責任はあったと思いますが、肝心なことから避けるのが先生でした。

浅田良君。背のひょろっとした、のんびり屋さん。彼は男三人兄弟の次男坊で、家業は豆腐屋です。子どもなりに「けっこう繁盛しているなあ」とみえたお店でしたが、一九五六年（昭和三十一年）にパラグアイに移住しました。その年のパラグアイ移住者は『神奈川県史』によると十八人。彼とはよく遊びました。お世辞にも学力が高いとはいえませんでしたが、そんな彼を僕は好きでした。パラグアイへは家族親類計十二人が移住したと記憶していますが、担任による説明はありません。僕は先生を信頼していました。でもどこかで「何か分からないなぁ」「先生は何も説明しない」「でもストライキはしている」といった疑問を持っていたのです。子どもの目を甘く見てはいけません。子どもは大人や教師の言動をじっと見ているんですよ。

在日朝鮮人（在日コリアン）についてもう少し僕の記憶をたどってみましょう。僕たち家族が転居した旧下田町はあちこちに彼らが生活していましたが、会話を禁止され（誰かから警告を受けたわけではありませんが、恐ろしいことにそういう空気があったのです）挨拶もしないなど完全に関わりを遮断していました。僕と同い年と思われる子どもが学校に行かず、鶏の首を切って血抜きをしていたのを覚えています。

彼らの住居は生活保護（準保）世帯のわが家より格段とひどかった。引き込み線のガード下に住み、公園の片隅に居候し、水道があるだけ。便所はどうしたのでしょう。電気もないし。

僕には理解できなかったし、正義感があったわけではありません。雨漏りがするほどのわが家以上に彼らの生活環境が劣悪なことに「なぜ」と感じていたのです。話せば「恐ろしい」とか「怖い」と吹き込まれ、部落を歩くことすら避けていくことに疑問を持ったただけなのです。僕が中学を卒業した敗戦後十五年、その環境は変化しませんでした。松竹映画『愛と希望の街』（大島渚監督、一九五九年制作）に感動し考え込みました。

(4) クラスのボスと闘う

僕が小学六年生の時のできごとです。六十年余も前なのにしっかりと記憶にあります。

教育というのは本当に素晴らしい。そしてどれほど人の心を傷つけるものか。親も教育者も僕自身も心して振り返り、関わらねばなりません。家庭教育も同じでしょう。

クラスの中で絶対的な地位にあった関口君は、父親が元十両力士ということが自慢でした。今日もわが力をひけらかそうと、昼休みに男の子三人、女の子二人を引っ張り出して砂場で相撲大会を画策したのです。関口君の相手にされたのは、チビで色黒で痩せた、関口君の言うことに従わない、殊更に理由があって仲間に入らなかったわけではありません。が、彼らにしてみればそれが気に入らないのです。僕は弱っちい、三角、黒、チビ、ペッタンコ、アホ、バカ、ノロとあらゆる悪口を言われていました。

ある日、わが家で母親数人と担任が集まって何やら話し合いをしていました。出席した母親も担任の田村先生も表情を曇らせ、ひそひそと話をしていました。僕は子どもながらに「何か変だなぁ」ぐらいの気付きはありましたが、もちろん詳細は分かりません。関口君など数人の固有名詞が何度も聞こえてきました。教員を経験した僕がその時のことを振り返ってみると、六年一組の学級経営が不安定だったと考えられます。

関口君は、五人の配下を次々と投げ飛ばしました。砂場に押し倒し力を誇示しています。上野動物園の猿山で力を誇示するボス猿と同じです。尻尾をぐんと上げ、でっかい金玉をブラブラさせて、人間の我々さえ恥ずかしくなるあの場面です。リーダーの猿はもちろん関口君。彼に従わない(ただ、そのグループに所属したくないだけなのですが)のが僕でした。

五人の子分は親分の関口君に恐れおののき、そのストレスを僕に向け今で言うところの忖度をするのです。僕は土俵上に引っ張られ、「バカ」で「気の弱い」「口ばかりの高田君」とののしられ、クラスのボスに叩き付けられるのを彼らは期待したのです。僕は元十両力士の親を持つという関口君と、相撲をとるなんて考えたこともありませんでした。敗戦後十年余なのに、彼は父親に似て肉付きがよく、何しろ僕の目の前で五人も投げ飛ばしているのです。「ケンカはいけません。がまんです」と母の多津からくり返し言われていたので、めったに争いごとを起こさなくなった僕ですから、クラスメートからは「弱っちいヤツ」と見られていたのは当然でしょう。でも本当は、気が荒く、度胸と根性は父親ゆずりでした。人のよいところや酒を飲むと「アッパラパーチャン」になるおやじとどこか似ています。

僕は次兄によく投げ飛ばされました。おでこの傷痕はその証拠です。何しろ負けず嫌いの次兄に鍛えられましたから、負けることに強い抵抗感を持っていました。ただし、人には決してあらわしません。彼のおかげで僕はいつの間にか相手の下半身にもぐり込み、内掛け外掛けの奇襲戦法を身につけていました。チビでヤセでしたから、がっぷり組んだ四つ相撲では勝てなかったものの、幸いに力がありました。ヤセの〝馬鹿力〟とよく言われていました。

土俵にあがりました。関口君の下半身めがけてもぐり込もうとしたのですが、さすがに関口君です。僕の奇襲戦法に気付いて腰を落として、見事にがっぷり四つになってしまったのです。こうなるともういけません。土俵の周りの子分ども、予想通りの展開に大興奮。「投げろ、投げ飛ばせ」の大声を挙げ、ボスにごまをすります。ボスの関口君、子分どもの声援に十分に応えようと、僕の腰をしっかりつかんで好機を待ちました。僕は投げ飛ばされ痛い思いを覚悟して、一気に押していきました。力の弱っちい、生意気な僕＝高田君が思いの外の力で迫ってきたのを体で知った関口君は、土俵際までズルズル押され、僕には土俵の周りの友だちがくるっと半転したかのように見えた瞬間、見事な上手投げで投げ飛ばされました。やっぱりボスです。僕は頭と体に砂がくっつき、涙と鼻汁と砂が顔中に無残なほどにこびりつきました。

昼休みの終わりを知らせるベルが鳴りました。忖度するだけのかわいそうな五人と、想像以上の闘いをした僕＝高田君にびっくり仰天し何とか威厳を保った関口君は、教室目がけて走っていきました。

「いじめはいけません。いじめられた友だちの気持ちを考えましょう」

何度も何度も聞いた言葉です。僕も教員時代子どもたちに語りかけたものです。でも何か釈然としないのです。こんなきれいごとで「いじめ」はなくなるのでしょうか。こんな杓子定規で測った教育の営みに薄っぺらさやそらぞらしさに気付いたのは僕だけでしょうか。

この相撲以来、関口君もクラスメートも僕にはチョッカイをひとつもしなくなりました。関口君とは時に遊んだり、彼の自宅に行った記憶があるほどです。わけもなく僕に平手打ちを食らわせたクラス担任には、子どもたちの世界で、これほどすばらしいできごとがあったとは想像もつかないでしょう。六年一組は卒業するまで落ち着かないクラスでした。

僕が三十三歳で小学校の教員として着任した年、五、六年生の時の担任だった先生の様子が朝日新聞の横浜地方版に写真入りで報道されました。僕はお祝いと報告を兼ねてご挨拶をと思ったのですが……（理不尽な平手打ちは、七十七歳の今でも許せません。そんな彼が表彰されるなんてとんでもありません）。子どもの気持ちをしっかりと受け止め、欲をいえば理解をすることの大切さをこのできごとを振り返るたびに願うのです。彼は僕のことを忘れているでしょうね。

「いじめられたぁ」、なんて気安く言うものではありません。もしかしたらそのできごとは子どもの世界に必要な学びを体験する機会だったのかも知れません。「いじめられる友だち」も「いじめる友だち」も、互いに学んでいることだってあるのです。

僕は今でも関口君に感謝をしているほどです。社会生活の中で考えたり、悩むできごとに出合うと時にこの場面を思い出すのです。敗けても言わねばならないことを学びました。

(5) おぼれかかったこと二回、母には内緒

僕は泳げません。水中に潜り浮かぶことはできてもブレス（息つぎ）の仕方が分かりませんから、五～六メートルで立ってしまいます。しかし、この浮かんだことで助かりました。

川崎浮島ICの運河と塩浜海水浴場となりの通称「まっさ池」で二回も溺れました。

犬かきで三メートル泳げたおかげで僕は溺れ死ななかったのです。この体験から二人のわが子には「次郎ちゃん泳法」（ドル平泳法）を伝授し、妻・喜久枝は水泳教室に通うようになりました。

僕はよく失敗し痛い思いをしましたが、必ず反省材料にします。そこが他人と違う、と自負しています。

七十七歳までに交通事故、入院、溺れたことなどで七回も死にそうな体験をしました。たしかに他人とどこかが違う?! 失敗から学んでいったのです。

⑹おやじの浮気

浮気発見！ 今になってはもう時効ですね。ですから天国の両親に許しを得て少し書き綴ってみます。それにしてもわずか八歳の子どもがその場面を覚えているなんて。馬鹿・チビ・ペチ・三角・クロ・タレ目・サルとよくまあつけられたあだ名の少年――が僕です。まだあります。ぜっぺき・でっぱ……。その少年が浮気ということを知っていて、現場を見て覚えているのですから、少年、いや、次郎ちゃん、やっぱりすごい。天才だぁ。

本題です。父・正己は真面目によく働きました。人づきあいがよく、健康な頃は、マージャン・たばこ・酒を好みました。

一年の入院生活でも入院仲間の誕生会やクリスマス会での洗面器を使ったバカ騒ぎなど人気者でした。彼の葬儀は、病院と自宅で行い、子どもの僕ですら驚くほどの人が参列しました。

やっちゃった。話は彼が一年間の入院生活前のある日です。子ども心にも「いやだなぁ」と感じる、にやにやした彼女が、昼食の準備をしている母親の前に現われたのです。母親はむすっとした表情で七輪の火を団扇《うちわ》で起こしていました。彼女の髪型はヘップバーンカットでした。おやじさん、こんな彼女をどこで見つけたんでしょう。

僕が四十代のある日、そんな話を母親にしたところ「お父さんはそんな人じゃない」とむきになっていましたから、まあ、そういうことでしょう。人間らしくていいじゃないか。

でも、これ以上は書かないことにしましょう。(ウォンウォン)ヘップバーンカット。いいねえ。オヤジ大したもんだ。色黒、チビ、タレ目のオヤジが女にもてるなんて信じられません。

僕はこんな父親が大好きでした。

⑺わが家の裏の空き地で

敗戦後の空き地はガラスの破片やコンクリートブロックが散乱するなど、子どもたちにとっては危険な空間ではあったのですが、戦後の荒廃した街にあって遊び場として大切な所でした。「走って遊ぶ」ケイドロ（警察と泥棒役に分かれますが、泥棒役を決める時はよくケンカをしました）。「飛んで遊ぶ」ゴム飛び・馬飛び・くつとばし。「投げて遊ぶ」釘差し・水切り。「回してあそぶ」けん玉・ベーゴマ。それらの遊びの思い出といえば兄の見事な飛行機作りでした。骨組みをのり付けし、薄い紙を貼り付ける時、余分なのりや紙があると飛びませんから慎重に除去します。彼の飛行機は青空をスイスイと飛びます。僕の飛行機はバリバリと音をたてて、神風特攻機のようにごみ捨て場に突っ込みます。まるでごみが吹き上げたかのようです。

僕はメンコ・チャンバラ・羽つき・けん玉は得意でしたが、作る、回る、飛ぶ、乗るといった遊びは全く不得手でしたから、やっぱり不器用でした。「工場の街・川崎」で、不器用な子どもなんて困ったものです。竹トンボなんて回らない、飛ばないなどひどい竹トンボでした。竹馬では竹竿の足掛けがゆるゆるで、しかも足掛けに乗れません。僕はこんな不器用な少年に成長しました。

(8) 糞だめに落っこちた高村君

六軒長屋の一番端に住む高村君。彼の家族は全員のんびり屋さんで、休日は家族全員が昼まで雨戸を閉めてぐっすり眠っています。僕はそんな家族の高村君が大好きで遊び友だちでした。

今は臨海鉄道塩浜操車場になっている広大な敷地は、当時は長十郎梨とイチジクの畑でした。僕らは「探検」に行き、胃袋を満たしました。つまり盗み食いです。

ある日、高村君とその弟、僕と僕の弟の四人は、梨とイチジク「探検」に出かけました。梨やイチジクの肥料は人糞です。木の根元は雨水とウンチがたまっていて葉っぱで隠してあります。僕らは収穫中の農家のお兄さんに見つかり「ドロボー」のひと声にびっくり。僕は幅一メートルほどの糞だめを飛び越したのですが、高村君は哀れにも糞だめに膝まで飛び込んでしまったのです。臭いこと、臭いこと。高村君の足元は糞のついたどろどろの新聞紙がべっとりです。「ドロボー」と大声を出したお兄さんは、小学校の先輩で顔見知りです。大笑いしてどこかに消えてしまいました。僕らは二十分以上も糞のついたズボンと靴のままの高村君に「臭え、臭え」と言いながら帰りました。

高村君は、自宅の玄関先で母親に素っ裸にされ、怒鳴られ、水をぶっかけられ、わんわん泣いていました。勝手口からその様子を見ていた僕は二度と「探検」はしないと思ったものですが。高村君の名誉のために記述します。彼は成人した後、大手企業を定年まで勤めあげました。

⑼ 素っ裸で、ごめんなさい

僕は泳げません。泳げないのに海が大好きでした。海中でザリガニにはさまれる。海の中にザリガニがいるなんて（シャコとまちがえたかな）満潮に気付かずあわてて岸に戻った時の恐ろしさやハゼ・アジ・はまぐりを大漁にとった経験も。魚のえさである「ごかい」をおっちゃんに売ってお小遣いにすることもしました。

ベカ舟に乗って深さ一〇メートルの海に流された恐怖の体験や美しい木更津方面の景色を覚えています。

わが家には海で泳がない、遊ばないというルールがありましたが、ある時、ふんどし代わりのタオルを二本持って歩いて三十分ほどの塩浜海水浴場に行きました。ふんどし代わりのタオルでは波の勢いと遊び回る勢いですぐにはずれてしまいます。いっしょに遊んでいる仲間は、例の高村君兄弟です。「ええい、じゃまぁ」とばかりにタオルをはずして、スッポンポンになります。経験した人は知っていますが、何も身につけないで海の中を走り回ることや小便を思いっきりすることがどれほど気持ちよいことか。『はだしのゲン』（中沢啓治）と同じです。チョー面白いけど女の子にはできないですね。運の悪いことに土手の草っ原に隠したぼくらのパンツの横に男女二人が座っていたのです。「やっべえ、満潮だ、ちょっと待ってよう」。塩の動きは速いです。満ち潮になったかと思うとぐんぐんと水位が高くなり、泳げない四人にまたもや恐怖の体験が迫ってきました。リーダー格の僕は、男女二人連れに向かってすっぽんぽんのまま走って、ズボンとパンツをつかんで逃げ去ったのです。そのあとを三人が、ちんちん素っ裸でカップル目がけて走って行ったのです。

母・多津が八十歳の頃のある日、僕はこんなできごとを話しました。

「まったくあきれた。お前はどこか手のかかる子だったけど、そんなこと知りません」

「奥さんに迷惑かけてないでしょうね。子どもたちにそんな話をするもんではありませんん」

バットで耳の裏を切られた、ガラスの破片で目の下を切られた、投げられてまゆ毛の下を切った……母は次々と僕の〝武勇伝〟を語るのです。まだあります。ネコの首にひもをつけて橋から川にぶん投げることなど。ひどいものです。虐待です。どこかの親父にどなられました。

その頃の大人は、子どもが悪さをすると必ず注意したものです。

⑽三角くじのホームラン

小学三年頃と記憶にあります。江川幼稚園近くにあった六軒長屋のわが家から歩いて数分の角地に駄菓子専門店の金子商店が開店しました。ほどなく向かいには八百屋も開き、ちょっとしたにぎわいが生まれました。冷蔵庫・洗濯機・トースターが製造され、テレビの本放送が始まる頃でした。

野球が流行《はや》っていましたので、この人気にあやかって森永製菓から三角くじ付きのキャラメルが売り出されました。紙の三角くじを破ると紙の裏にホームランとか三振などと書かれてあって、ホームランはキャラメル百個、三振は三個だったと思います。僕はこの百個にひかれました。どうしてもホームランがほしいと何回かチャレンジしたのですが、ホームランなんてそれは無理でした。なけなしのお小遣いからではチャンスは一、二回ですからいっそう無理というものです。僕は考えました。何とかしてホームランをかっとばしてキャラメル百個手にしたい。

「そうか。紙の三角くじを太陽に透かすと、ホームランという字が見えるかもね」

どんぴしゃりでした。三振という文字が見えました。

「ごそごそとビンの中から三角くじを取り出すと怪しまれるしなぁ。おばちゃん同士のおしゃべり中に三角くじを太陽にあてればいい」と考えました。

ある日、このタイミングに出合いました。三角くじを何枚か太陽に当てて、どんぴしゃり。ホームラン――キャラメル百個です。おばちゃんの顔が引きつっていました。僕は当たった百個を懸命に数えました。正しく数えたかは分かりませんが、僕が記憶にあるのは、キャラメルをタンスの引き出しに隠し、食べてはひっぱり出して食べました。何個食べたのか分かりませんが、あごが疲れるほどでした。僕の胃袋は異変に気付きました。僕は腹痛を起こし、食べ疲れた歯は痛み出したのです。母もタンスの引き出しからキャラメルが次々と落ちてくるのでびっくり。話を聞いて僕をどなりつけました。

「アホ！　どうしてバカなの。お兄ちゃんはオール5というのに、お前はオール1じゃん。顔だけじゃない。頭の中までお父さんそっくり。どうしようもない子ね。大師橋から落ちて死ね」と。

⑾父との別れ、肺結核「テー・ベー」

一九五五年（昭和三十年）六月二十九日、父・正己は入院先の病院で肺結核のため亡くなりました。入院した日が前年の六月二十八日ですからちょうど一年間の闘病生活を送ったことになります。

父は四十二歳、僕は四年生で十歳でした。

ある日の夜半、わが家の六畳間に父が病室から抜けて来ました。父はガラス製の重い灰皿を前にして、母と四人の子どもの前で手術を受けることを説明しました。

「俺の肺はこの灰皿と同じくらいの大きさでやられているんだ。手術すれば治るって」

父は僕らに不治の病と言われた肺結核の手術について説明をしていましたが、母の心配そうな表情を僕は今でも忘れません。彼は酒は断ちましたが、タバコはやめられませんでした。当時、結核のことを「テー・ベー」という隠語で表現するほど恐ろしい病気でした。一九五四年（昭和二十九年）の国の総医療費の二八％が結核で占められているほどでしたから、どれほど恐ろしい病気か――母にも容易に理解できていたのでしょう。

一九五五年（昭和三十年）六月二十九日、学校授業の五時間目が始まる直前でした。担任で初任の桑田先生が、

「五時間目は社会です。地図帳などを準備して」

と声を掛けました。社会科の大好きな僕は「わぁ」と両手を挙げたのですが、その時、六軒長屋の江川幼稚園寄りに住む館岡さんが心配そうな顔で担任の出入りするドアを開けて「お父さん危篤だよ」と声をかけたのです。僕は四年生でしたが、本をたくさん読んでいましたから「危篤」の言葉とその意味がすぐに分かりました。

学校の正門を出ると、わが家まで水田が一面に広がっています。僕は病院までの数百メートルの直線道路を必死に走りました。後ろを振り返るとちょっと小太りの弟が「にいちゃんもう走れないよ」といった表情で僕に向かって追いかけて来ます。僕は玄関先にランドセルを放り投げ、父が口から泡を吹いて必死に闘っている大師中央病院を目指しました。京浜急行大師線の踏み切りの鐘の音が今でも耳奥から聞こえてきます。

ベッドに横たわっている父は酸素マスクを付けていたのですが、荒々しい呼吸をしていました。彼の体は二本の太いゴムバンドでしっかりと縛りつけられていました。口元

からは白い泡が溢《あふ》れ出し、体が何度も反り返ります。

「酸素が無い。速く持って来て！」

ドクターの鋭い指示が若い女性の看護師を動かします。彼女は長さ一メートルほどの大きな酸素ボンベを斜めに回しながら持ってきました。母と兄は父の苦しげな表情を歯を食いしばって見守っています。三歳の妹には事情がまったく分かりません。ベッドの横にある小さな食卓を前にオーバーテーブルに座って、足を二、三度振って、近くにあるリンゴをせがみます。病室の誰かがそのリンゴを妹に渡すと、もうすぐ永遠の別れというのに彼女は満足そうに足をバタつかせおいしそうに食べるのです。白い泡を酸素マスクから吹き出し、太いゴムバンドで縛りつけられて何度もくり返し反り返る父と、満足そうに笑顔すら振りまく妹。そのアンバランスな様子を見せつけられている僕らはいっそう涙をさそわれました。小学一年の弟は父の最後の姿を目にとどめただろうか。

「最後にもう一度、お前たちの姿を見たい」

父は苦しい息遣いの中から必死にまぶたを開けて、残される五人の行く末を案じつつ、その姿を脳裏に収め僕らと別れたのです。

「ご臨終です。午後三時二分です。よく頑張られました」

口元から多くの泡を吹き出し必死に闘かった父に、担当医は思わず声をかけました。

「いやだ、いやだぁ」

母は、ベッドに横たわる父の体を叩きます。小学一年の弟は事情を理解しようといった表情で室内の人々を見ます。三歳の妹には、今ここで何が起きているのか、悲しいほど分からないらしく笑顔すらみせている。

この日は本当に蒸し暑い日でした。大人たちは父・正己の葬儀の準備であわてふためいていています。僕は病棟間の渡り廊下で細い棒を一本見つけ、遊ぶわけでもなくぽっかりとした気持ちで真っ赤な小さなカニを追いかけていました。若い女性の看護師が寄って来て僕に声をかけてくれました。

「がんばるのよ。いい?!」

「がんばるって、何をがんばるんだろう」

僕にはその意味が分からなかった。ただ、返事はしました。看護師に答えると同時に、自分にも言ったのです。

「がんばる。負けてたまるか」

小学四年。この六月二十九日の一日の様子を日記に克明に記録しました。僕にとって自分との闘いが始まりました。

際限のない苦しい闘いです。

教員四年目。僕は一人暮らしの母の元へ帰りました。その日が父の命日だったからです。部屋の中は線香の匂いであふれ、母は一人淋しそうに座っていました。

「今日がお父さんの命日って知ってたの」

「まあ、そういうわけ。何回忌か忘れたけどね」僕は両親が出会ったことを聞きました。母は苦しく辛い過去のことはほとんど話しませんが、今日は珍しいことに、饒舌です。

「おやじと出会ったのは？」

「お見合いだよ。わたし、下ばっかり向いていたから、お父さんの顔がよく分からなくて。次の日、お父さんの顔を見てびっくり。顔が真っ黒でさ、なんだか山猿みたいだった。なんだかニヤニヤしちゃってさ、しまりのない顔でね。なんとなくこの先心配だったね」

父は僕が小学三年生の時に入院したので、彼の記憶がほとんどありませんが、ある時、登戸（溝の口かも）に家族四人（兄と両親）で出かけたことがありました。多摩川に向かって小石を投げました。水切りです。まず、初めに僕が投げました。小石は一回跳ねて飛びました。父が小石を投げたところ、二回跳ね飛びました。

「ほら、どんなもんだ」

父の自慢そうな表情を僕は覚えています。石は三回飛び、父はうれしそうに驚きつつ、母も幸せな表情を見せてくれました。

弁当箱の中味は梅ぼしの入ったおにぎりでした。

「えっ、そんなことあったっけ。弟も妹もまだ生まれる前の話ね」

母はお線香の煙でいっぱいの部屋で、父の遺影を背にして懐かしそうに語ってくれました。

その日は二十七回忌でした。

⑿マッカチン（ザリガニ）で気絶寸前の美人先生

小学四年担任の桑田先生は、新採用教員でした。学校の沿革史に記録されているのですが、全校に初めてピアノが設置された時、桑田先生が演奏してピアノのお披露目と式が行われました。僕はそんな桑田先生が大好きでした。美人で先生が近付くと何ともいえぬ香りがしました。とってもおしゃれでした。

登校途中でした。わが家から学校までは水田と畑に囲まれた道を歩きます。雨が降った後ですから田んぼにつながる水路は雨水であふれ返っています。いました！　マッカチンです。

こいつが両手を伸ばすと小学四年生の手のひらより大きくたくましいのです。超巨大ザリガニは体重四キログラム、二〇センチメートルほどまで成長するそうです。僕が登校中につかまえたのは、そこまで大きくありませんが、ハサミを広げ威嚇する姿はアメリカザリガニらしいです。いたずら坊主にとってザリガニはカブト虫と共に遊び道具のヒーローでもあるのですが、女の子には（当然、女性にとっても）この生き物はいけません。

大好きな桑田先生ですから、教室に入って授業が始まるまでの一挙手一投足を僕はつかんでいました。出欠席をとったあと、椅子に座り机の引き出しを開ける……そうだ、引き出しの中にマッカチンを入れておこう……このいたずらをクラスメート全員が知っていました。異様な空気が教室中を支配していましたが、先生として着任して数か月の桑田先生には、僕の策略はつかめません。

「ギャア〜」

という叫びと共に先生はひっくり返りました。教室中は大騒ぎ。隣の教室の若い男の先生に僕は強いお灸をされました。水がたっぷり入ったバケツを両手に持って廊下に立つことになったのです。一時間立ちました。今ではこれは虐待ですが、僕が子どもの頃の罰としては当然でした。

何がどうなってこうなったのか、子どもの僕にはさっぱり分からない大人の世界――美人でピアノが得意な担任と「バケツを持っていろ」と僕を怒鳴りつけた先生が結婚しちゃいました。かわいい美人のクラス担任は僕の想像をはるかに超えて「ギャア～」と悲鳴をあげたのですが、翌春、にこにこ笑顔で僕らに別れを告げました。マッカチン（ザリガニ）がキューピットに変身しました。

PART Ⅱ

〈中学生の期〉

国鉄（現JR）が川崎市塩浜地区に貨物操車場を建設（昭和39年）

思春期ともなると誰もが悩み、壁にぶち当たり、苦しむでしょう。自分の将来への漠然とした希望と不安――加えて生活保護（準保）を受けて中卒。「金の卵」というレッテルとその欺瞞に薄々気付く中学時代。教師は誰も答えません。

僕は昼食代の一部を預金し、時には昼食代を全部預金して本代にあてました。僕が通った中学校の図書室は積ん読状態でひどいものでした。

次年度からはA～Gクラスまであるというのですから、図書室の整備どころではありません。それでも僕は井上靖・下村湖人・芥川龍之介など大正から昭和の時代にかけて活躍した作家の小説を次々と読みました。

押し入れに放り投げてある兄が読み終えた本もほとんど読んだものでした。

僕の小学五、六年から中学生の頃は、ダビンチはもちろんミケランジェロなどルネッサンス期の歴史的偉人から山中鹿之助・長宗我部元親・シャーロックホームズの冒険と何でも読みまくりました。

当時の情報といえばラジオぐらいでしたから、僕の言動は周りの友だちを驚かすほどでした。

担任は僕が〝読書家〟とは気付かなかったでしょう。

(1) エロと環境汚染の街・川崎

僕は中学に進学したのが一九五八年（昭和三十三年）です。三人娘の美空ひばり・江利チエミ・雪村いづみが、舞台でスクリーンでラジオで大活躍でした。片岡千恵蔵は多羅尾伴内という探偵に扮し悪者をこらしめます。ピストルの弾がはね飛ぶシーンでは大興奮しました。鉄砲の弾が見えるなんて科学的ではありませんが。世紀の色男・佐田啓二は千円札三枚を持って半裸の女優とキスをしています。「よろめき」という言葉（中学一年の僕にはその意味がさっぱり分からなかった）が大流行し、街中の映画案内板にはおっぱいを半分さらけ出した銀幕のヒロインに僕は大いに興奮し、下半身を落ち着かせるのに苦労しました。

「学校近くの大師銀座は不良の集まる所」「大師銀座には行ってはいけない」というわけの分からない生活指導を受けた僕は、先生の言葉を完全に信じました。中学校から歩いて五分ほどの大師銀座には二つの映画館があり、その内の一つは、エロ映画専門館でした。買物をする母親と女の子がおっぱいもろ出しの看板前を歩いていました。土曜の午後、僕は昼食代わりにコロッケを買いに行こうとしたのですが、コロッケ屋はエロ映画館の二軒隣なのです。これには困りました。土曜日の放課後、放送部の部長がエロ映画を見たなんて噂をたてられたら大変です。昼食代わりにコロッケ二個を買って放送委員会の部屋で皆と食べるのが楽しみのひとつでしたから。でもエロ映画のどでかい看板を通りすぎないと行けません。僕はどきどきして関心なさそうに、知らぬふりしてチラッと見ちゃいます。縦二、三メートル、横五メートル位の大看板が、おっぱい丸出し。あり得ないほどの大きいお尻と、怪しげな表情をして、中学一年の僕をじっと見つめます。「次郎ちゃん」と声をかけてくる――そんな目つきです。おやじそっくりな僕は目をたらりんこ。「ウッハァ〜イ」と答えそう。店で僕はコロッケ二個を買い、次に友だちがコロッケを注文して手に入れるまでの数分間、僕は下を向いています。でも中学生です、見たいんです。オフクロのおっぱい以外は見たことがないですから。看板でもチラッと、いっしょに走って来た放送部の仲間もチラッチラッと看板を見ます。刺激の強い不良の街・・・でした。

クラスメートの何人かは自分の親がこの街で働いています。先生の言う「不良の街」はおかしい。僕はそう反抗し正当化したものです。あの映画館の支配人は隣のクラスのおやじでしたからね。

一九六〇年（昭和三十五年）の僕の日記帳には「ソ連スプートニクの打ち上げおめでとう」と書かれ、毛沢東、原子力潜水艦エンタープライズ来航、ガガーリン少佐、ジョン・F・ケネディーが登場してきました。浅沼稲次郎刺殺事件もメモしてあります。社会的できごとにも関心を持つようになったのです。松川事件の判決について「許せない」と書いていましたが、どこからか「子どもが政治に関心を持つなんて」と白い目でみられました。先生からも言われた気がします。先生って、建て前と本音を上手に使い分けるんですね。僕はそんな大人社会にうすうす気付く中学生に成長していました。

このような中学時代の世の中の風潮のもと、僕の関心事は「どう生きるか」であり、「社会の様々な動き」でした。それは人として自然の成長とも思えるのですが……どうでしょうか。

高度経済成長期に入り、僕の住む街・下田町一帯も大変身です。ハゼ釣り、あさりやはまぐりを取り、水遊びもしました。青べか（のり採取用の舟）に乗ったはいいが沖合いまで流され、ポンポン船で助けられたこともあります。溺れたことは二回も。のり、こんぶは食事のおかずです。対岸には千葉の美しい山が見えましたが、その海が砂漠と化したのです。大人社会では様々な話し合いが行われたようです。田畑を収入源にしていた農家の冬の片手間だった養殖のり業には莫大な保証金がおりました。

日本鋼管は「金と命の交換会社」と揶揄《やゆ》され、空中には目を覆うほどの正体不明の異物が降り注ぎ、寛政中学校では生徒七百人以上が、目鼻咽喉に異常を感じたという。海はヘドロの海と化しても金の魅力には負けてしまうのでした。（一部資料『神奈川県史』）

アスファルトを製造している働き手は外人ばかりという会社からは、まっ黒な煙が吹き出し、風向きが南向きになるとわが家はあわてて洗濯物を取り込みました。その工場で働く労働者はマスクを付け、顔から足元までアスファルトの粉塵にまみれ、全員が外人であることに僕は強烈な異和感を覚えたものでした。アスファルトは道路を造る上で必要な原料ですが。

夏の夜、ゲロを吐くほどの臭いが押し寄せてきました。二十四時間も金属をハンマーで叩く騒音と、一〇トントラックの搬入搬出で、わが家はぐらぐらと揺れはじめました。とんでもない街に変身したのです。その騒音は（産業道路のど真ん中にいる）八〇デシベルを超えるほどでした（当時の伊藤市政による測定）。人工島・千鳥町には化学工場のほか東京電力の川崎火力発電所が計画され、広大な埋立地が工業用地となりました。夏のある日、僕はそこを歩きました。行けども行けども埋立地の先に着かず、戻った記憶があります。

あまりにも広い埋立地だったのです。

「もうけることよりきれいな海の方が大切」

僕なりに身の回りの変わりように関心を持ち考えるようになりました。いわゆる公害問題は一九五〇年（昭和二十五年）頃からおきました。工場排水による川崎〜生麦ののり漁業の被害や京浜地帯の煤煙《ばいえん》問題が発生したのです。僕が五歳の頃から公害問題が起きていたのですが、小学六年の社会科の学習で「公害」を学んだ記憶はありません。むしろ校歌の一部に「けむりたなびく」が削除されたことの不可解さを覚えています。僕が卒業した小学校の校歌のいきさつや、学校の歴史には歌詞の一部が削除されたことは全く記述されていません。（あくまでも僕の記憶です）

僕の中学時代は、学校で学習する以外、ほとんど勉強をしたことがありません。それでも公立高校に進学したCさんよりは学力が高く「俺でも市立高校に進学できる」とびっくりしたものです。学年二百人余りの中で一〇〇番から七〇番辺りでした。数学がもう少し良いと五〇番ぐらいの成績だったと思いますが、勉強することに関心がなかったのです。

でも事実を見つめてよく考える中学生で「人はどう生きるか」を考えるようになった

のもこの頃でした。「中学卒」として働くことを自覚していたから、自然と考えるようになったのでしょうか。

⑵中学卒労働者は「金の卵」というけれど

僕が中学三年生の十月、進学組と就職組に分けられ、それなりのカウンセリングを受けることになりました。一九六〇年（昭和三十五年）頃です。当時の就職組はクラスの半分がいました。全学年では九十人余りです。僕らのあとにはベビーブーム世代が待機していました。一クラス五十五人が一〇クラスですから恐るべき数字です。何しろ、教室に入り切れないのですから異常事態です。指導する先生も授業を進めるだけで手いっぱいだったでしょう。弟がその中のひとりでした。彼は担任や教師から平手打ちを食らうなど手ひどい経験を何度もして、今でも彼らを不快に思っているようです。担任は彼の顔つきで判断したようです。ひどい先生がいたものです。

高度経済成長による人手不足をベビーブーム世代が補いました。全国の中学生をかき集め、「金の卵」と適当なレッテルを貼り、集団列車で東京・川崎・名古屋に連れて行き、非常に厳しい労働条件下で働かしたのです。夢や希望など全くない人生しか待ちかまえていない状況です。

京浜工業地帯の中核・川崎市に住む中学生の僕らも彼らと同じようでした。就職組約九十人は、Ａ４のわら半紙一枚の募集一覧表で就職先を決めるのです。そこには会社名・従業員数・採用人数・賃金・労働時間・住所・職種・定時制高校進学の可否・最寄り駅など、わずかな情報しか記述してありません。地元の僕らですら希望する会社の情報が少なく、保護者同士で情報を集めるほどでした。

高度経済成長は、人手不足対策と、より質の良い労働力確保のため、「終身雇用」「年功序列賃金」など日本型雇用慣行を築きました。中卒労働者も全員正規従業員として採用されたのです。工都川崎は、電気産業の募集が多く、日本電気・東芝・ナショナル・富士通など日本を代表する企業が中卒労働者を中心に採用しました。次に、自動車・鉄鋼関係の大企業からの募集がありました。僕らは単純作業の組立工を中心に、メッキ・塗装・板金・ボール盤・旋盤など〝ブルーカラー〟といわれる職種や住み込み店員などのサービス業で働きました。いわゆる「３Ｋ」といわれる「きつい・汚い・危険」な職種です。

工都川崎に住む僕らはサービス業には絶対に就職しません。「大企業なら破産しないで安心して一生働ける」と信じ、より良い労働条件を求めたからです。零細企業やサービス業は、地方出身の中卒者で占められました。例えば典型的な職種に男子は板金・旋盤・プレス工、女子は流れ作業の組立工でした。ゼネラルには東洋一という巨大な流れ組立ラインがありました。

職安（職業安定所）の玄関前には、手配師がうようよして、労働条件が厳しくて、転職先を代えようとする若い労働者を漁《あさ》っていました。しかし実態は現在の職場よりいっそう厳しい働き場に移っただけでした。

高度経済成長の裏には、様々な落とし穴が待っていました。中卒労働者の僕らに先生たちはどんな役割を果たしたのでしょうか。何の役にもたたなかったことを知るべきです。先生は、僕らに就職先を紹介するだけで精一杯。翌年度から一クラス五十人で一〇クラスというベビーブーム世代が押し寄せてきます。その世代の弟は、ある時「オレなんか小学六年間、クラス担任と話したこと一度もなかった」と恐るべきことを吐露するほどからしてもベビーブームがどれほどか推察できるでしょう。その彼は、新日本文学賞で連続佳作を受賞し、横浜文学賞・総評文学賞ほかも授賞しました。

十五歳の子どもがワラ半紙一枚の「就職先一覧表」を読んで自分の人生を決めることに、

中学校の先生たちはどう思っていたのでしょうか。彼らに教え子への愛情があるならば見えすいた立身出世を訴えるより、せめて、僕らの働く現場を見てほしいものです。油と汗とモーターの騒音の中で必死に働く教え子を見て、先生は何かを考えるでしょう。

「松下幸之助だけではありません。ソニーの盛田昭夫、トヨタ自動車では豊田一族、そして日産がアメリカに追いつけ追いこせと号令をかけています。皆さんもがんばりましょう」

「先生ってアホじゃ、中卒労働者に立身出世だって？　大学を卒業しなくちゃだめだからこそ、先生は大学に行ったんじゃないの。松下幸之助は一億人の一人じゃないか。戦争中や戦後に生きて働いた人と比べられては困ります。今は大学卒が勝ち組なのは、学歴社会だからです。十四歳の僕だって、そのぐらいのことは分かっているよ。僕らは『金の卵』なんて言われているけれど、経営者側の都合で言っているだけさ。町工場のおっさんは、夜の十時、十一時まで働いている。皆、中卒だよ。中卒に未来があるなんて、ウソを言うなよ。先生って平気でウソをいうんだよなぁ」

僕は米がなくなり、一合マスを持って近所の知人宅に米を借りに行く母の姿を幾度となく見ていました。雨が降れば天井から雨漏りがします。糞だめが溢《あふ》れそうになるという不安な毎日を体験しました。母は、次兄の学生服を質屋に持っていき、お金を工面しましたが、彼はこの二日間通学できませんでした。彼はどんな思いだっただろうか。僕はそうしたリアルな事実を見て、考え、悩んでいましたから、就職担当教員Cの言葉がどれほど空しく、アホらしく、腹立たしかったことか！

「僕はどう生きるべきか」答えを見つけるにはまだまだ時間が必要でした。社会から学び苦しみ考えねばいけません。世の中にはとても良いお手本や教材があったのです。僕はその一つひとつを観察し考えました。

PART Ⅲ

〈定時制高校の期〉

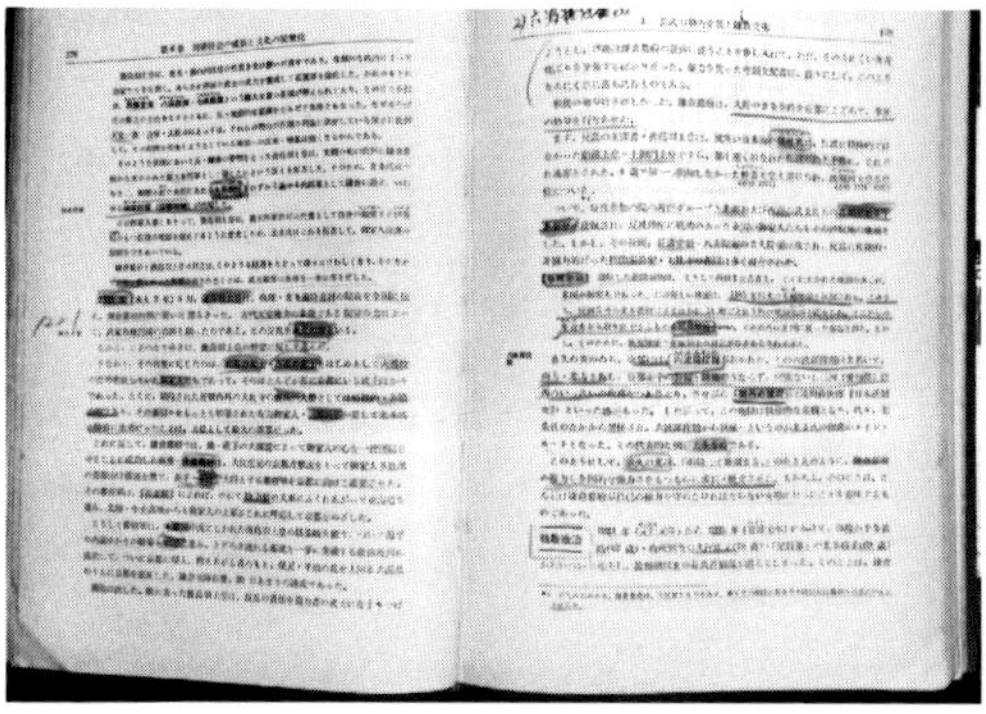

大学合格のため必死に勉強した参考書

(1) 働き学んで、二足のわらじ

定時制の高校に入学した同期生約七十人中、卒業した仲間は四十人前後と、文字通りの厳しい環境でしたが、とにかく卒業すれば中学卒から高校卒になり賃金もアップします。何といっても「中卒」という肩書きから「高卒」という人間として輝かしい肩書きが手に入ります。職場のポジションも室内温度四〇度の組立工から華の庶務課に移されるかもしれません。油臭く女の子に嫌われるポジションからYシャツ姿でネクタイをしめて働くかもしれないのです。かわいい女の子とデートできるかもしれない給料も得られそうです。

一年生の夏が過ぎて二学期が始まると、一クラスの内で十人は退学します。主を失った机と椅子が寂しそうに見えました。入学時にあれほど明るく仲の良かったF君、G子たちにどんな変化が生まれたのか。H子の上履きは下履き入れにきれいにそろえたままです。J君とK子は、この夏休みに職場まで代えたらしい。彼らは中卒という肩書きでこの厳しい社会をどの様に生き延びていくのか。沖縄県出身のO君は川崎の人と街に馴染めなかったということも聞きました。電気メーカーの組立工として働くK子に僕は声をかけました。

「もう一度、考え直そう。中卒は『金の卵』じゃないよ。学校を中退したらどうするの」

「ごめん、体がついていかないの」

ほのかな淡い恋心が僕の手から離れていくのを感じとりました。彼女にどんな人生設計があったのでしょうか。

一九六〇年（昭和三十五年）。ローマオリンピック開催、コーヒー、ワンタッチカレー、のりたまなどのインスタント食品が登場します。僕より二、三歳上の女の子たちは、黒いビニール製の空気で膨らませたダッコちゃん人形を通勤や通学にまで抱えていました。男の子たちは、ヴァンジャケットがしかけたアイビールックに身を整え、髪を七・三に分け、ダウンシャツ、三つボタンのブレザーコートとおしゃれをしました。町中が明るくなっていったような気がしました。

高度経済成長は、一九五四年（昭和二十九年）～一九七三年（昭和四十八年）までの約十九年間をいいます。それぞれの期間を、神武・岩戸・オリンピック・いざなぎ景気と名付け、田中角栄の仕掛けた列島改造ブームで湧き立ちました。僕が十歳から二十九歳の頃でした。中学を卒業したばかりの生活保護（準保）家庭にとって賃金が一万円近い収入というのは本当に魅力的でした。同時に僕らの中卒労働者の未来を組合も経営者もありもしない賃金ベースを描き、高度経済成長が永遠に続くかの如く浮き足立つだけでした。松下電器は中卒賃金一万円で週五日制でしたから、僕ら就職組にとって好待遇の企業でした。企業風土も中卒労働者を大切にする空気があり企業年金がありました。M電気・K製作所は養成工といった企業内教育が充実していましたが、本質的には中卒労働者と同じで、将来も見通せないことから、養成工同士の争いが絶えずありました。ひどい時には互いに退職するほどの暴力沙汰も起こりました。高度成長期といいますが、背景には、中卒労働者の行き場のない怒りが仲間同士のトラブルとなったのです。僕自身は、そうした争いに巻き込まれず幸いでした。

町中はアイビールックとダッコちゃんでうようよ。加えて不自然さが見られるようになりました。僕ら中卒労働者に会話が成り立たず、感情がすれ違い、たびたびトラブルになります。地方出身同士、あるいは地元と地方出身者との生活習慣の違いはトラブルだけでなく不衛生な環境を生み出しました。町中で小便をする。車内で大声でなまりの強い会話をする。僕には皆目分かりません。銭湯ではルールを守らない。アンバランスなおしゃれが目立ちました。教室ではコミュニケーションが成り立たず逆に違和感を覚えるのです。自分の意思表示すらしないのはどうしてか、僕にはさっぱり理解できなかった。川崎に幼少時代から住む者と十五歳を過ぎて地方からやって来る少年とはものの見る目や考え方でも大きな違いが目立ちました。仲間たちの大半は、定時制高校を卒業すれば「中卒」という肩書きから「高卒」という輝かしい肩書きと経済的な安心パイを手に入れられると考え、根拠のない理屈で納得しています。僕は子どもの頃から身の回りの不可解なできごとを見ていますから素直に受け止められないのです。高度経済成長は遠からず終焉することすら冷静に見ていました。高度経済成長が破綻以降のことを十五歳で意識していたのです。

十五歳の少年は資本主義の特性をストライキ・首切り・朝鮮特需など身近なできごとを見聞する中で見抜いていたのです。

「中卒なんてゴミだ。不景気になればお払い箱さ。小銭をもらってキラキラ服を着て、女の子とイチャイチャするだけで、将来を考えないなんて情けない」

僕は「おまんまを食うための術」を考え「いかに生きるべきか」で悩むのでした。世の中のふわふわした風潮に決して乗らぬこと、経済的自立をすること、それは容易に手に入ることではありませんが、独り悩み続けました。それゆえ、定時制高校の仲間達の言動に不快すら覚えたものです。

トイレも台所も共同で、風呂は公衆浴場。六畳一間のアパート住まい。テレビの音は際限なくうるさく、プライバシーなんてありません。僕らの将来はどうなるんだろう。なぜ話し合わないのだろうと、思いました。

(2) 働き・学び・悩む思春期

十五歳の生活環境が四月一日より大きく変化しました。

僕は電気産業では中堅の八欧電気（現・富士通ゼネラル）に就職しました。「Xライン」テレビがヒットし、社内は騒然とした空気に包まれていました。

作れば売れた時代ですから、良い商品ならばなおさらです。荷造りする構内では大型トラックが次々と配送先に走り去り、次のトラックが二台、三台と待機している状態です。

僕は同期の仲間が約百五十人いましたが、大半が旋盤工・メッキ・塗装工・組立工に配属されるなかで、オムロンやノーブルといった下請けから届くテレビのボリュウム・コンデンサーなどの一次検査や研究をする技術部部品管理課に配属されました。都立大・東北大・電気大などを卒業した産業兵士の中に投げ込まれたのです。後日分かったことなのですが、技術部や事務職系に配属されたのは約百五十人の中卒労働者のうちの数人でした。中学校の成績は国語は4、英語は3もしくは4でしたが、電流・電圧を測り仕様書とチェックし、報告書の資料も作りました。通称、取説（取り扱い説明書）は専門用語と英語に苦労しました。職場に英語の辞典を持ち込むなんて全く予想していませんでした。一年も働くと僕の机は電圧測定器や電流の容量測定器などが七、八台並んでいました。ほとんどが大学理工学部出身の技術部管理課員にあって、自分の仕事の役割分担を勝ち取りました。計算機も電算機に代わり、万単位まで求められ時の流れの変化を感じ取った時代でした。

都立大、電気大、慶応大、明治大の工学部出身で固められた職場環境にあって、中卒労働者は〝仕事の延長での役割〟も持たねばなりません。電話の扱いでは約三十人の氏名・役職は絶対に間違えてはいけなかったのです。その都度社内手帳にメモをします。専門的な会話を交えた電話や一部外資の入った企業ですから英語による問い合わせは日常茶飯事でした。先輩たちの英会話をまねて度胸だけは身につきました。電話口から先輩や上役の名前が聞こえたら「プリーズ　ウェイト」。いや大した英語の会話力です。

僕は五、六年の担任のY先生が大好きでした。授業中に脱線したあとの話はいくつでも覚えています。しかしへたくそな分からん授業はいけません。どんなに正当化しても今もって納得できません。僕が数学を大好きになるまで三十年費やしました。そんなにも苦しんでしまいます。

大学の工学部出身の技術者が圧倒的に多い技術部部品管理課。当時は六千五百人も働く本社工場の玄関を通り、人事課や庶務課などを横目に二階の部屋に行くものですから気分の悪いはずがありません。先輩たちはネクタイ姿で作業をしているエリート集団です。僕はたばこや飲料水まで上役や先輩たちからの注文を受けました。誰がどんなたばこを吸っているのか、すべて知ることが大学出身で構成されたこの集団組織で生きていく算段と分かったからです。話の仕方、電話の受け方、対応の仕方、資料の書き方、挨拶などのエチケットを学びました。

ラブレターまで届けたこともありました。企業内診療所で働くぽっちゃりした女性の看護師さんと直属の上司は恋仲の間柄のようで、僕にとって愛のキューピット役も仕事のひとつでした。彼女からいただいた明治製菓のチョコレートがなんだかもったいなくて食べられなかったことが思い出されます。彼女は高卒から専門学校を卒業しました。「やっぱりなぁ、恋まで学歴で区別されるのかぁ」納得し、うらやましかった。

「お金が入るとろくなことをしないから、定時制高校に行きなさい」。あれこれと指示をしない母が、珍しく僕の将来に口を挟みました。兄はD製作所で働きながら定時制高校に通っていましたので、僕はひとつの疑問も持たずに同じように定時制高校普通科に入学しました。入学手続きを終わったのが三月末日でしたから締め切りぎりぎりでした。薄暗い川崎競馬場横を独りで歩きつつ、月夜に向かって「絶対に卒業する。負けるものか」と誓いました。

高校は落第を志願し、五年間通い、二十歳で卒業するなんて、わが人生、人並みにというわけにはいかないことだけは気付きました。

植木等の「スーダラ節」が大流行し「分かっちゃいるけどやめられねえ」の歌のように人生を気楽に生きられたら、と真面目に思ったのですが五年間の高校生活は変化に飛ぶ毎日となりました。

(3) 落第させてください

定時制高校の一年生でした。想像もできなかった企業社会に入った十五歳の少年にとってすべてが新鮮な出合いでしたが、同時に強烈な理解不能な環境であり、自分の将来についていっそう考えさせられることになりました。

「先生、僕はどう生きたら良いのでしょう。定時制高校を卒業しても中学卒と同じ扱いに気付きました。何のために定時制高校へ通うのか分からないのです」

僕はクラス担任に訴えました。英語を担当する小川先生のご自宅が僕の通勤時の最寄り駅と同じという縁から、日曜日に何度かおじゃまさせていただきました。僕は先生方を時に辛辣《しんらつ》に批判するなど厳しい目で見ていましたが、それ以上に信頼していました。小川先生と親しくお話をさせていただいたのは、今から六十二年も前のことです。僕の日記には何も書いてありませんのでどんな話をしたのか思い出せません。「大学に行かなくては」と訴えたようです。僕がクラシック音楽を趣味と知った小川先生からLPレコードを二、三枚いただきました。「聴いてごらん」のひと言を今でも鮮明に覚えています。うれしかった。涙がこぼれるほどうれしかった。

その年の秋、弁論大会が開かれました。一年生の僕には弁論大会がどんなものかイメージすらつかめませんでしたが「七分もみんなの前で自由に発言できるなんて最高」という思いで先輩たちの主張を興味深く聞くことになりました。その内容は「つまらんなぁ」のひと言でした。「がんばります。夢を持って生きます」「どれも大人が喜びそうな内容だ。定時制高校生って〝老青年〟だなあ」。僕は弁士の彼らをくそみそに鍋釜をひっくり返して投げ飛ばしたい心情で聞きました。彼らは事実に目を向けず、自分の本音を語らない、大人びた青年でしたからです。悟り切った、あきらめた態度に怒りを感じました。僕は翌年、翌々年に準優勝、優勝を勝ち取りました。生まれつきアジテーターの素質があったようです。

三年目の二年生の僕は弁論大会で、今でいうところの「単位制高校」を主張しました。「自分の好きな、あるいは目的に合った教科を学びます。僕は大学へ進学します。したがって大学進学に不要な科目は学びません」と主張したのです。非現実的な発想をし、遮二無二突っ走り、生きようとする僕は、定時制高校を卒業すればなんとかなると淡い期待感を持つ仲間とは心が離れていくばかりでした。

僕は全校二百五十名余の前で単位制高校を自分の生き方にからめて主張したのです。その弁論大会で準優勝しました。この頃の先生方には、生徒の主張を受け止める余裕があったようです。

「高田君はどこにいるか。生物や音楽や体育になると消えてしまうそうだが……」

「図書室で本を読んでいます」

「司書教諭とおしゃべりしてます」

僕は美人の司書教諭にもしかしたら恋心を抱いていたのかもしれません。彼女から読書の面白さを教えてもらいました。授業をさぼり、図書室の本を乱読しました。図書カードには僕の名前があちこちに書いてあり、密かな快感を覚えたものです。吉川英治の著書はほとんど読みました。松本清張・司馬遼太郎など水を得た魚のように次々と読破していきました。何かを求めていたのです。何かを解決したかったのです。

大学進学を意識するようになりましたが、学力が低すぎました。定時制高校の学力で五段階評価の3や2ではどうしようもありません。私立大学なら国語・英語・社会が受験科目です。この三教科を教室で学び他の教科の時間は図書室です。クラスメートは不快な心情を持ったと思います。先生の心境は考えもしませんでした。今でいう単位制高校を自らの判断で行動してしまい、一年留学の計画をたてて行動に移しました。

「先生の授業をもう一度、受けさせてください」

僕は勝手に隣のクラスに入って行きました。社会科の先生は「俺の授業なんて、二度も聞くほど価値はネエよ」と言いながら、受け入れてくれました。周囲の友人からは冷たい目で見られました。一日働いて夕方五時半から学びます。基礎的学習が身についていていませんから東京六大学はもちろん、教員養成の公立都留文科大学にも遠く及ばないことを知りました。食いぶちを考え学力を身につける——それは十六歳の少年には至難の道でした。日曜日は県立図書館で朝から閉館の四時四十五分まで自学自習です。電車の中でも夢中になって暗記しました。わが家のトイレや天井には歴史年表などを貼り付け、わずかな時間も学習にあてました。

勤続三年目の夏、僕は職場の構内を歩いている時、突然、気を失い企業内診療所のベッドで横たわってしまいました。二時間近く眠っていたようです。僕の上司の永戸さんの心配そうな表情が目に入りました。僕は「やべえ、仕事中だ」と起きようとしたのですが、再びベッドに倒れてしまいました。

これまでに上司の永戸さん、職場の皆さんには挨拶の仕方、電話の応待、仕事の手順などいろいろと指導をいただきました。貴重な社会勉強をしました。後年、教師の世界に飛び込んでつくづく思ったことは、教師の社会性の乏しさです。人に挨拶を要求したり指導はするけれど、自分はしないし、できません。時間管理などいわゆるマネージメントの未熟さなどいやというほど突きつけられ辟易《へきえき》としたものです。後年、この体質を変えることが教育の変革への第一歩と認識しましたが、それは三年間の貴重な社会経験があったからこそ見極められたと認識しています。

僕にも好きな彼女がいました。良き友人でもありました。会っている時間もないし、屁理屈《へりくつ》をこねる僕に近寄ってくる仲間は少なかった。そうした折に彼女と様々な場面で関われたことは本当にうれしかった。英語・数学では互いに教え合い、赤点から逃げるのに必死でした。校庭の隅で生物のキーワードを教え合ったり帰りの夜道を歩いたりしたのが楽しかった。『高校三年生』の舟木一夫と吉永小百合のさわやかな歌声が全国に広がっていました。制服を着た舟木一夫はさわやかな歌声で学園ソングを歌いますが、陽が落ちた頃、学校の門をくぐる僕らとあまりにも落差があり同年齢だからといって『高校三年生』なんて素直に歌えなかった。むしろ歌謡曲は事実を隠蔽し歪曲し、考えることを止めさせるのではないのかと思うほど斜にかまえ、歌うことに抵抗感を示したものです。中学校の放送室であれほど楽しく歌ったりしたのに。

ある日、渡り廊下でクラスメートから声をかけられました。

「友だちの村川さん知ってるでしょ」

「クラス仲間の一人だから知ってるけどね。そういえばこの頃見てないなぁ」

「流産したんだってさ。相手は一年上の三川君よ」

わずか十八歳の時の話です。流産どころか、一日々々を過ごすだけで精一杯だった僕にとって、何があったのか理解するには時間が限りなく必要なできごとでした。

彼女はもう一人の仲間の様子を報告します。同じクラスのC君と同棲生活を送っているE子のようすが学校側に知られ、二人共、退学処分を受けたというのです。僕らは社会人であり高校生でもあったので、先生にとっても難しい判断だったでしょう。

僕を含めて十代ならば誰にでも溢れるばかりの性欲があります。結果として妊娠などがあっても不思議じゃないです。校則に触れるのだから処分されても文句も言えません。でも何か理解できません。僕は二人の家庭環境から様々な憶測を立てて考え込みました。二人共、父親が病死し、経済的にも精神的にも非常に厳しい環境にあり、六畳一間に親子三人が暮らしていたのです。二人共、そこから脱出したかったのです。「愛」を口実にその環境から抜けだしたかったのでは。

中卒労働者、特に地方から川崎などにやって来た「金の卵」あるいは経済的事情で中卒から働かざるを得ない仲間にとって、十五歳で働くとは言葉であらわせられない厳しさがあったのです。経済的な事情や淋しさから脱出しようとしたのが「愛」だったら、これほど悲しいことはありません。

高度経済成長の影の部分に、定時制高校の先生たちはどう考え話し合ったのでしょうか。退学処分や自主退学でいいのか。「愛」が崩壊した十六歳は、誰を信じ生きていけば良いのでしょうか。大都会に必死に生きる彼らが頼るべきは先生だったのですよ。先生が信じられなくなります。二人の友の行方を僕は知りません。退学処分の内容を考えると少なくとも当時から言われた「自己責任」などではありません。十六歳で一人で暮らすなんて大変なことなのです。処分することよりどう支援をするかが望まれたのです。僕は定時制高校の先生の役割を問うています。定時制高校の先生って、どうあるべきでしょうか。定時制高校の存在を明確にし、僕らに訴える時、中退が少なくなり、本当の「愛」を育めたと思うのですが。僕は明らかに先生の資質に疑問を持つようになりました。

卒業して三十年、初めてのクラス会の通知がありましたが、僕は欠席しました。個人として教師として複雑な心境なのです。みんなどうしているんだろうなあ。会ってみたかった。（立身出世を確かめるのは断りますが）

このできごとは、大げさに言えば定時制高校の存在意義を問うているのですが、クラスメートの話題にすらあがりませんでした。彼らも僕自身も余裕がなかったのです。悲しいことにそれほどに厳しい生活環境でした。僕らは社会人でもありましたから。実に複雑で理解できない環境で定時制高校の卒業を夢見ていたのです。

「僕は自分の学力に満足できません。三年進級ではなく落第させてください」

「君の学力は落第するほど悪くはない。生物・体育・音楽などは欠席が目立つが単位を落とすほどではない」

教務主任の佐川先生と僕は互いに理解に困る話し合いをしていました。この種の話し合いといえば「落第だ」「なんとか努力しますので進級させてください」といった話なのに。僕は単位制高校を主張し、実行したのです。自ら落第を志願したのです。それに加えて僕は生徒会長にも立候補し、定時制高校の意義や単位制高校を主張しました。予想した通り対立候補と一〇〇票以上の大差で負けてしまいました。こうした〝前科〟を学籍簿にひと言も記入せず〝人命救助〟と書かれた配慮に心からお礼を申し上げます。(でもオール1には閉口しました。明治大・法政大・早稲田大の各二部と都留文科大に合格しましたが学籍簿ではオール1でした)

次は僕の落第志願の件です。その言動はもはや手の尽くしようがありません。

「君は開校一〇〇年以来、変わった生徒だ」

「先生は一〇〇年も前から教えていたわけではないですね。変わったというのだから、基準を示してくださいどこが変わっているのですか」

副校長兼任の佐川先生がとうとう根をあげて、

「ご両親と話し合おう。そこで落第するか進級するか考えよう」

「先生無理です。父は天国です。天国から引っぱって来れません」

まったく困った十八歳の高校生でした。事情を聞いた母親はひと言、

「いやだよ。そんなことでわたしが呼び出されるなんてごめんだね。自分で考えろ」

翌年の新学期のある日、ワラ半紙一枚が職員室出入口に張ってありました。

[右の者、学力不振につき二年生の再履習を認める]

僕はワラ半紙一枚の前で腕を組み、職員室前を通りすがら、このわけの分からない紙っぺらをチラッと見る仲間たちの反応を見ました。彼らは理解不能といった表情でした。先生方は僕とクラスメートの諍《あらそ》いを気にしていたようです。地方から川崎にやってきた仲間と川崎出身者とは異質なものを感じとっていたのでしょうか。高度経済成長はあらゆるゆがみを生みました。田中角栄の『日本列島改造論』（日刊工業新聞社）には経済優先でそこに住む人たちの生活がどう変化するかは予測していないようです。

⑷ いざ大学受験

落第して高校五年間学ぶことの空しさに気付きました。どんなに勉強して良い結果をとっても定時制高校は中学卒業と同じだ、ということです。副校長兼任の佐川先生は「定時制高校だってプライドを持て」と授業を通して熱弁をふるいました。僕はその都度、挙手して反論するものですから、授業が計画通り進まず困ったことでしょう。クラスメートは一人として発言をしない。先生は本音を言うべきですね。半分社会人の僕らは定時制高校卒業の未来に不安と期待を持っているのですから。きれいごとは見抜いてしまいます。それが分からないのが先生です。僕は発言しない仲間の心境が分かりませんでした。

定時制高校は中学卒と高校卒の間に存在する、わけの分からない〝補完物〟にすぎないのです。評価5がいくつあってもオール1であっても「わけの分からない存在」なのです。教育のパイプライン（『希望格差社会』山田昌弘／筑摩書房）から脱落をかろうじて免れる存在にすぎないのです。「ならば、定時制高校なんて大学受験の資格と位置づけよう」と僕はそう割り切りました。この判断は先生も授業もつまらない存在に見えてきました。

でもどこかで何かを期待し願っていました。やっぱり、先生方はすばらしい。僕らにとって信頼できる唯一の人ですから。

受験一筋の環境づくりをしました。新聞配達をしながら独学で学び始めました。英語の基礎を身につけるために川崎英語塾に通いました。十八歳で中学一年の英語の学習です。半年間学んだのですが、驚きました。僕が学んだコースは基礎的な内容で主に中学一年から三年の学習なのですが、中学二年あるいは三年でアルファベットも読めない書けない仲間がそのクラスには何人もいたのです。不登校の中学生なのでしょうか。自信に欠けたうつろな目で、塾の宿題もやらず、指導者も困惑していました。

僕はとにかく復習をしました。大学受験のための基礎をじっくりと学びました。これほど学習に集中したのは十八年間で初めてでした。人は納得し理解をした時、持っている力以上の力を発揮するんですね。「時間」はかかりますが、この「時間」こそ大切なのです。

定時制高校四年目の三年生。僕は新聞配達をしながら、神田予備校に通い、大学受験の準備を始めました。予備校は、東大国立コース、私立六大学コース、一般私立大学コースなどがありましたが、もちろん学力の不十分な僕は私立大学コースです。授業料と電車の定期代で預金は次々に減っていく心細い経済事情でしたから、身なりはまさに浪人でした。富士通ゼネラル時代の青いナッパ服を着て神田まで通いました。「わが道を行く」と決めたら迷わず進むのが僕の良いところ。予備校仲間はキャバレーのボーイ、住み込み店員など僕よりも数段厳しい環境の中で大学受験に取り組み、教育のパイプラインに乗り、より良い人生、夢を叶えようとしていたのです。しかし僕は少し違っていたのです。「人はどう生きるべきか」の答えを、教師という道を選んで解決しようと願ったのです。そこに大学受験があったのです。

神田予備校での成績は、現代文が三百人中一〇〇番前後。古文は七〇番、日本史は七〇～八〇番、英語は二〇〇番ぐらいでした。東大国立大コースの仲間が加わっての成績ですから、自分のこととはいえよく努力したものです。定時制高校の要録には、全教科1の評価です。でも旺文社主催の全国模擬テストでは、公立都留文科大と早大Ⅱ文は九〇%の合格圏でした。いったい学力とは何でしょうか。定時制高校は何ですか。予備校は大学合格のためにあります。では定時制高校はどのような存在なのですか。大学受験に役立たず、就職活動に若干の価値がある。このために四年間も費やすなんてバカらしいと認識してしまったのです。僕の意識は「日曜ぐらい楽しもう」というクラスメートとは行動しなくなり、価値観や生き方の違いまで如実に明らかになっていきました。結果として孤立していきましたが、胸を張って大学受験にチャレンジしていきました。

僕にとって高度経済成長は、自分の生き様を見つめ、生き方を考えさせました。クラスメートには赤いスポーツカーを乗り回し、高度経済成長を謳歌する仲間もいました。正直言えばうらやましかった。

どんなに働いても六畳一間の木賃（木造賃貸）アパートから逃げられない多くの現実も見ました。冬の木枯らしが、狭い台所を吹き抜ける友の部屋をみて「わが家よりいいよなぁ」と変に納得したものです。

(5) 弁論大会で二十五分間の主張

一九六五年（昭和四十年）、僕が定時制高校五年目の四年生の時でした。弟は牛乳配達、僕は新聞配達をしながら定時制高校に通学しました。僕は相変わらず、色がはげた上下のナッパ服です。弟は、原稿用紙を小脇に抱え、長髪スタイルとゴム製のサンダルに、タバコを食わえ、おまけにサングラスです。学校の玄関前でタバコを捨てます。学校側から指導や苦情はありません。

僕らは半分は社会人扱いですから、衣服類の制限はありません。僕らは自由を謳歌するという意識より物分かりのよい〝老青年〟で、卒業すれば「高卒」という淡い期待をもって毎日を送っていました。夜九時近くまでパン一個と牛乳で耐え忍び、学ぶには人並み以上のエネルギーが必要ですから、おのずと生真面目な集団に変容し成長するのでしょうか。「卒業すれば高卒だ。虫ケラじゃない」「賃金もアップする」「転職できる」——そんな期待感を持っていたからなおさらのことでしょうか。

僕は母子家庭で生活保護（準保）を受けた家庭環境で育ちましたが、定時制高校の仲間ではそこまでの環境で育ったという話を聞きません。互いに自分のことを語ろうとしない、どこかで自己規制や自己表現をしないという独特な空気がありました。十五、六歳で親元を離れ大都会で生きていかなければならないのですから、同じクラスメートとはいうものの標準語を使い（なまりがあるから地方出身ということはすぐに分かるのですが）心を開くまで相当な時間を要します。定時制高校には、互いに話せる時間がありません。その時間はせいぜい夜食の時間の十分です。四年間共に学んだ仲間なのに会話をしたことがない、というクラスメートが何人もいるぐらいです。僕はその空気にいらだちました。クラスメートの授業態度にはいっそうの怒りを持ちました。

「つまんねえ授業に『つまんねえ』と言わないのって何かおかしくないかよ」。時はベトナム戦争が広がり、日本の戦争への関与が明らかにされていきます。僕はそのいらだちと平和を脅かす政治の愚策を知ります。そこで定時制高校を卒業したあとの不安定な将来を弁論大会で訴えました。表彰は経験済みですから「言いたいことを言うぞ」と二十五分間にわたって主張しました。言いたいことを言った時の気持ち良いこと。つまんねえ授業と教師の前で言った気分は最高でした。時間を無視したスピーチが終わったところで、教務主任の先生があわてふためいて、「時間オーバー十八分を換算すると、君の得点は……」と説明したのです。弁論大会審査委員長としてはルールを説明しないわけにはいかなかったからでしょう。でも僕にとってそんなことはどうでもよかったのです。

余談ですが、僕は定時制高校を卒業して十四年後、小学校の教師として教壇に立ちました。そこで子どもたちに誓ったことは「楽しい・わかる授業」でした。小学五、六年の「糞をしたくなる」授業や五分もすれば寝てしまう高校時代の授業が文字通り〝反面教材〟になったのです。

四年生の社会科「各地の人々のくらし」では、夏冬の北海道・新潟・群馬の東北地方・

千葉県を中心とした関東地方の低地の人々のくらしを調査しました。六年生の歴史では青森・静岡・沖縄と探検し、子供たちの「面白い」「もっと知りたい」「わかった」という思いや意欲を引き出す授業に腐心することになったのです。現地調査にはワンボックスカー、資料を集めるカメラ、編集し授業に使うビデオ編集用ソフトを内蔵した百万円もするパソコンです。

子ども理解には学区に移り住もうと転出届までしてしまいました。思えばあの体験が、教師になった時の激しい行動に移ったのでしょう。

体育では泳げない子を五〇メートル以上泳げるようにと、ドルフィンキックを使ったドル平泳法に出合い、六年生のほとんどが泳げるようになりました。これらは「わからん」「つまらない」という授業が学ぶがわにとってどれだけ苦痛だったかの裏返しなのです。再度、言います。つまらん授業をしないでください。

「わからん授業」は企業で言えば倒産直前という自覚をしてほしいものです。

(6) 五年間の定時制高校時代

定時制高校とはどういう存在なのか。自分はこの学校にどう関わり学んで行けばよいのか。おそらく高校生の頃の僕はそこまで考えるに至らなかったでしょうが、この大きな命題に薄々気付いていたようです。

留年したこと、予備校に通ったこと、生徒会長に立候補したこと、弁論大会で単位制高校論を述べたこと、そして大学受験を準備したことなど――定時制高校を卒業してから、何らかのメリットがあるのだろうか。それは何も保証されていない。そもそも中学卒業と同じ扱いだとは不平等じゃないか。

僕にとって五年間は、そうした不安と疑問を常に抱え、まっすぐに見つめ、発言し、行動に移しました。ですから、あらゆることに疑問を持ちました。授業はもちろんのこと、校内行事にまで異論を持ち、友人や先生に〝注文〟を突き出しました。

「四年間も預金をして貯めたお金で行く修学旅行は内容が物見遊山じゃないか。もったいない。なぜ広島の原爆ドーム見学に行かないのか。九州なら炭鉱争議の起きた現場を見つめ、命と健康を考える修学旅行が組めないのか。何のための社会科だったのか」

クラスメートに話すとキョトンとしていました。せいぜい「自然の美しさを堪能し、クラスメートとの触れ合いを深めることだって大切じゃないか」という認識でした。僕と彼らとは根源的に異なるものがありました。

僕は自分の心の奥底から吹き出す得たいの知れない怪物を大切にして「人はどう生きるのか」とからめて考えていきました。大学を中退し十年の放浪生活を望んだ根底にはそうしたエネルギッシュで自分の人生や社会を真摯に見つめ、生きていこうとしたものがあったのです。

時に独りだけになってもかまわない。自分の思いや考えをひん曲げ、同調志向や圧力のもとで生き方まで曖昧にしてどうするんだ。入学手続きをとって心に誓った時と同じ月夜に向かって叫びました。五年前と何も変わらない殺風景な駅までの道を、どこかで涙を振り切って突き進もうとしている自分がそこにいました。

PART Ⅳ

〈青年の期〉

スケート・ショート・トラック滑走（富士急ハイランドにて）

(1) さらば法政大学Ⅱ文

一九六五年（昭和四十年）二十歳。新聞販売店に住み込みながら法政大学Ⅱ文教育学科に進学して中学・高校（定時制）の教員を目指しました。

この頃の国際情勢や国内の政治・経済・社会の動きに僕はどう考え、関わってきたのか、振り返ってみます。

当時の国際情勢は、米ソ関係が安定し平穏でしたが、アジアでは米国の自作自演によるトンキン湾事件をきっかけに、米軍のベトナム侵略が始まり、日韓条約の批准と戦争への動きがみられ、べ平連のデモなど一般市民にも反戦平和の波が日ごとに大きくなりました。

国内の経済や社会の動きは、この年を底として再び景気が上昇し、一九七〇年（昭和四十五年）頃までを「いざなぎ景気」と名付けるほどでした。GNPは米国に次ぐ世界第二位になりました。カラーテレビ、ステレオ・カセット式レコーダーが出回り、カラーテレビ・クーラー・自動車で「三種の神器」とか「3C」と呼び消費があおられました。働く学生の僕は白黒テレビを購入するのが精一杯でしたが、世の中は浮き足立っていたようです。

僕が法政大学Ⅱ文教育学科に入学したのは学生たちが怒りのマグマを暴発させる二年ぐらい前ですから、大学構内は、学生活動家によるアジビラやサークルの案内ビラや読みかけの新聞などでめちゃくちゃでした。壁は落書きで溢れていました。トイレは半分は使えずタバコの煙と吸い殻で充満していました。講義内容は高校と同じ。授業の直前の休講なんて当たり前の惨憺《さんたん》たるあり様です。創立の精神「自由と進歩」は見る影もありません。

僕は大学に裏切られました。五月病にかかり、学生ホールで読書三昧《さんまい》です。なぜか学生委員に選出され、学生総会に出席。社共と三派の争いにうんざりしました。夜の十時を過ぎても不毛な論争が続きます。夜の十時を過ぎると外堀公園を夢中になって走り、京急大師線の最終電車の十一時三十分に間に合わせます。翌日の朝の三時からは新聞配達です。これで雨の日になったら悲惨のひと言です。

法大対早大の大学野球を観戦しました。神宮球場で覚えたての校歌を大声を張りあげて歌いました。法大生なんだなぁと自覚しました。きっかけは忘れてしまいましたが、何度か手紙を交換したMさんは教室で久しぶりに再会すると恥ずかしそうに仲間たちの渦の中に消えていきました。Ⅱ文教育学科の写真はわずか一枚で、薄汚れたいかにも安いコートを身につけた僕がいました。その表情は力の入った青年の顔でした。「こんな大学に授業料なんて払えない」と怒りを込めて大学の相談室に、たった一人抗議。授業料未納で退学届を出したものですから除籍処分を受けてしまいました。

「まあいいか。大学なんてなくならない。

十年放浪したら再受験すればいいだろう。教員になるには社会勉強が必要だ」と外堀公園を飯田橋駅に向かって、たった独りで何のあてもなく、計画もなく、保障されているわけでもなく、怒りにまかせて――放浪の旅に出ました。母の悲しそうな表情を覚えています。

(2) 放浪の旅十年

国士舘大学・小学校教員養成課程に入学するまでの十年は生活の糧を稼ぐために働きつつ「生きること」「社会」「人間」について考えました。

「世の中をもっと見てみよう。小田実と同じ発想だ」。べ平連で出会った彼の影響を受けた僕は一抹の寂しさを抱えつつ、十年の放浪の旅に出たのです。たった一人の孤独な旅です。新聞配達の住み込み店員、従業員約二千人の自動車会社の組立工。大手電機運輸の零細運送荷役夫。自動車会社のメッキ工。鉄工会社のボール盤工、出稼ぎ労働者の管理人、港の荷役夫、県外郭団体の経理事務、学校管理人、怪しげなセールスマンなどをして働きました。その間に職業訓練校や専門学校で簿記を学び二級まで取得しました。また、鉄工所では指一本切断で一人前といわれ、三本で工場長になれると聞いてびっくりしたものです。通信機メーカーでは一か月の残業が百五十時間という〝現代の奴隷工〟を体験しました。職業訓練校では、自分の成績に不満で卒業式を欠席したため、先生にとことんしぼられました。僕が放浪生活を送れたのは、GNP世界第二位の高度経済成長が背景にあったからです。僕のような車の免許もない、格別な技術と経験もないのに職業安定所に行けば何らかの職にはありつけました。年齢が二十代という若さもあったからでしょう。

高度経済成長のもと、現場で働く労働者の負の側面をいやというほど見ました。京浜川崎駅のトイレは、紙がつまって汚物や汚水が溢《あふ》れ出し、タバコの吸い殻は電車の中までありました。パチンコ店や立ち飲み屋ではケンカとしょんべん横丁に〝大変身〟です。川崎球場の汚さはあまりにも有名でした。親子連れが少なかったわけです。

京浜急行大師線・港町駅では競馬場帰りのオケラと日本コロムビアの若い女子工員が夕刻に乗り合わせます。すると車内はたちまち痴漢騒ぎ。オケラどもすってんてんの腹いせに女子工員のお尻をさわります。——サラリーマンが大勢集まる戸塚駅や大船駅のトイレは放尿と下水の臭いや汚物のたれ流しで異様な空間です。工場街の銭湯は湯舟で洗髪し、酔っ払った勢いで汚物を吐き出し、小便までする労働者がいます。もちろんすべての労働者がそうした非常識な行動をしたわけではありませんが、世の中が騒然として「もうけりゃいいのさ」という風潮が広がったのは事実です。

十家族ほどのアパートで夏の明け方です。僕が新聞配達をしていると玄関を開けたままのオヤジのステテコ姿が見えます。若い女の子が下着姿でトイレに行きます。ティッシュを口にくわえ、ドアを足でけっとばす、ひどい姿を拝見しました。

日本人は誰もが朝から晩までよく働きましたが、日本中がなんだか、どこかおかしくなっていました。ドリームランド行のモノレールは重量オーバーで運営中止。またわずか二十坪の土地に建坪十五坪の一戸建てを次々と売買し、田畑は荒れ放題になりました。もうけりゃいいのさ、金がすべてでした。

川崎や鶴見などの海については僕の子ども時代に記していますので省きます。高度経済成長という名のもとで日本の国は経済こそ発展したものの、失われたものが多すぎたのではないのか。その原因は企業の「もうけりゃいいんだ」という価値観にあると思いますが、働く僕らがもう一歩立ち止まり、考えることも望まれたのではありませんか。

住み込みの新聞配達をした頃のことです。その新聞販売店に人生を一生懸命走ってきた古老、大学生、借金を抱えたWワークのお兄さん、乳飲み子を抱えたお母さんもいます。ベルトコンベアーに巻き込まれ片腕を失ったおじさんは、自転車を器用に乗り回し新聞を配ります。

この地域は川崎のど真ん中で、狭い小さい住宅とアパートが互いにくっつき合い、窓から手を出せば握手できるほど混み入っています。新聞は絶対的に〝巨人・大鵬・卵焼き〟の読売新聞です。朝日新聞もがんばっていますが勝てません。二紙の中間に位置する毎日新聞が読売に食われていたようです。ノルマ分の新聞が配達未達で玄関に七〇センチメートルほど積まれています。

販売店員の一日は、昼食後から始まります。夕刊配達までの約二時間を集金と新聞の拡張に追われますから、半分拘束されたようなものです。雨の日は部屋の中でテレビを見ています。新聞配達は区域によってオートバイ・自転車・徒歩と配り方がいろいろです。

配る人も小学中学生・高校大学生・母親・障害児者・サラリーマン・専任と様々です。

新聞の新規契約を「しんき」といいその契約手当が千円です。再契約は「おこし」といい五百円の手当が出ます。集金に行ってもすぐに払わない者や二か月分未払い者を「アカ」といい、四、五人の〝軍団〟をつくって押し寄せ、未払い分の請求をします。田中・木村・鈴木などの三文判を二十持ち合わせ、架空の契約書を作成します。これをテンプラカードといい、配達員泣かせのカードです。なぜなら何しろ架空の契約書だから、配達区域にいるはずがありません。

「お兄さん、俺の〝しんき〟〝おこし〟の手口を教えてやる。よく見ておけよ」

六十代半ばで六畳一間の借家に住む通称おっちゃんは、お兄さんと呼ばれた住所不定の怪しい僕に〝カードおこし〟を伝授するのです。

「まずじじいかばばあの住むアパートを狙うんだ。俺の身なりは必ず背広だ。玄関の扉が開いたら必ず作業靴の片足を突っ込んで扉を閉めさすな。契約を躊躇《ちゅうちょ》する奴には一か月分のスポーツ新聞をただで配達すると口約束するんだ」

「それじゃあ詐欺じゃないですか」

「半年とか一年先の契約をしてもらうわけだから、じじばばは忘れているさ」

高度経済成長の裏側を実体験に基づいてより生々しく描いてみます。

八百人も働く未組織の通信機メーカーです。採用された当日、偶然にも退職していくクラスメートと入れ換えになりました。彼に後日、職場の実態を聞き愕然としました。この会社はたえず人手不足で、求職者は職安の職員から優先的に、半ば強制的に、紹介カードを受け取りました。面接に行かないと休職手当をもらえないからです。

この話だけでも不快ですが、職安の職員が求職カードを見て、二、三の会社を選択し、求職者に紹介するのは事実です。働く場所を自分で決められません。中卒労働者（実際は高卒ですが）の扱いなんてそんなものです。僕は電動ドライバーを使ってラック（大型の箱）を組み立てます。ペン型やコーナー用のドライバーも使いますが、ネジ・ボルト・ナット・ビスは消耗品でありながらもこれらを破損すれば自費で購入します。破損一本につきボーナスから千円引かれます。紛失しても同じ扱いです。部品管理の窓口でビスの購入の交渉です。売り場担当の彼は、自作のカレンダーに僕の名前とビス一本、と記入します。

「金を出してビスを買っているんだから、名前なんて書くなよ。ボーナスが減るぜ」

「だめ」

「一個につき五百円。ボーナスで千円。ひでえなぁ」

「だめ」

彼は軽い知的障害をもっています。話がわかるということが知的障害ゆえにできません。管理職は彼の「だめ」しか言えない能力を利用してZD、QCの労働強化をいっそうするのです。見事な会社経営です。悲しいほど卑劣な労務管理です。障害者の能力と特性を労働強化に使うなんて。しかも障害者を雇用していますなんて言っています。

僕と入れ換えに退職して行くクラスメートは、定時制高校を卒業後、連日の残業に耐え切れなかったのです。これまでは学校通学という口実で定時で退勤していましたが、今は一か月百時間残業を押しつけられるようになり、退職を決意した、というのです。もっとひどいのが、寮のオバさんだ。勤務中に個人の部屋やロッカーをチェックするのです。噂によると人事課の指示で思想チェックをしているとか。

今日も一本のビスを、机の引き出しの中や、床をはいずり回り、必死に探しています。中学生と高校生の娘のために、最愛の連れ合いのために五十歳を超えたお父さんのビス一本を探す姿は、決して誰にも見せられません。屈辱以外の何と言えますか。この会社に三十代、四十代、五十代がほとんどいません。労働者も気付いていたのです。後年、この会社は事業縮小しました。僕の見る目が正しかったのです。

もう少し高度経済成長下の街の様子や人々の暮らし、さらに自分自身のことを描いてみます。

東京都内では一日八百五十台のバキュームカーが東京湾にうんことおしっこをタレ流し、隅田川や神田川はハエやカと犬猫の死体で溢れ、横浜の大岡川水系の中村川や堀割川では、水上生活者が相当数住んでいました。大船駅や戸塚駅周辺は糞尿で汚れ、強烈な生臭いにおいで覆われ、飲み助と所在不明の女の叫び声が深夜まで飛び交っています。酒は人の心の扉を開け、それまで封印していた地方の生の言葉が行き来し、それはなつかしさと時に心のふれ合いや口論の火種となって時間が過ぎていきます。僕は親の代から数えれば五十年近くをここ工都川崎で生活しましたが、戦災や高度経済成長で街を破壊され故郷を失った僕にとって、彼らの地方の生の声や心が理解できず不思議な疎外感を味わったものです。

街の隅の貸本屋は貧乏大学生と地方出身者の青年で溢れかえり、『鉄腕アトム』や『カムイ外伝』を夢中になって読み、史的唯物論者の気分になったものです。

集団列車で都会に来た中卒労働者は「金の卵」と吹聴され、必死に働きました。気付いたら低賃金と劣悪な労働環境から抜けようとキャバレーや水商売の世界に入り込んでいる自分がいました。都会の厳しさと展望の見えない生活から、古里に戻るケースも多く見受けられました。立正佼成会や創価学会などの宗教団体が若者を中心に広がり、労組や社共を中心とした組織グループも彼らの受け入れに盛んでした。

新宿の「歌声喫茶ともしび」が地方出身者の心のふれ合いの場でした。労組関係では土曜の夜ともなれば、スキーやスケートバスをチャーターし、長野・新潟へと出発しました。品川プリンスホテル横には、スキーやスケートの団体客が次々と埋まり、夜中になるとオールナイトスケートが開かれました。ショートスケートでは東京都〇〇大会の補欠程度の力を持った僕は、臨時コーチをまかされ、フィギュアスケートの渡部絵美や佐藤信夫コーチとも出会ったものです。

十月ともなるとダンス講習会が行政の後押しで〇〇会館や△△センターで開かれ、僕らダンス初心者は必死になって練習し（本当は彼女がお目当てです）、ジルバ程度はなんとかなるのですが、タンゴのステップは目的の彼女を探すどころか、冷や汗いっぱい。ワルツでは妙に腰を振って彼女のケツに自分の手をあてたその時の快感は僕の性欲をチョッピリ満たしてくれたものです。横浜の「白馬」なんかはダンス仲間と何度も行ったものです。

場内で踊る人たちの見事な体の動きとステップに自信喪失。

PART V

〈壮年の期〉

教員５年目の２年生担当時

◉教員時代を執筆するにあたって

僕は中学校を卒業後、八欧電気（現・富士通ゼネラル）に就職し、三年後に退職して新聞配達などで生活費を稼ぎながら定時制高校を五年かけて二十歳で卒業しました。十年余の放浪生活後、三十代前半で小学校の教員として教鞭をとりました。僕にとっての教員生活は非常勤講師を含めても三十二年で、一般の教員とは十年ほど短いです。結果としてそれで良かったです。

疲労困憊《こんぱい》しこれ以上は生きることさえ難しい――そんな状況に追い込まれてしまったからです。

生活保護（準保）家庭という環境は必然的に自分と社会を見つめ「どうしたら腹いっぱい食えるか、人はなぜ生きるのか」を考え、教員の道を選ぶことになりました。

定時制高校を新聞配達をしながら五年かけて卒業して、法政大学Ⅱ文教育学科に入学しましたが、荒れ狂い荒廃した大学に失望し「十年間社会で学ぼう」と十年余にわたって、荷役夫・組立工・ガードマン・住み込み店員・ボール盤工・公務員などの職を得て、その間、二十八歳で再び大学進学。

そして念願の小学校教員の世界に飛び込みました。それゆえに、子どもをみる目・職業観がほかの教師とは明らかに異なっていました。

本稿は、三つの項目から成り立っています。

まず「(1)夢を語ろう――三十三歳の初任教員」では、教育の世界でほとんど話題に上がっていない、通常学級で学ぶ学校緘黙症《かんもくしょう》の柿内君の指導を通して教育の在り方や障害のある子と通常学級の経営や教師の資質について考えるようになり、結果としてベテラン教師たちと対立していく様子を率直に記しました。

次に「(2)十二歳の反乱と混迷する教師たち」では、僕が教員を定年後、非常勤として働くことになった大混乱の学校で、僕は何を考え、どのような行動をとったのか、その詳細をまとめてみました。教育の根源的な解決は、教師の官僚的体質を克服しない限り不可能に近いということに気付きました。

三つ目は「(3)学校から地域へ、地域から学校へ」です。僕は子どもの頃の生活体験や様々な職種を経験したことから徹底したリアリズム＝現実をありのままに捉え、そこから物事をどう変えていくか、という発想で関わって生活するようになりました。テーマを観念的な発想で納得するだけでなく、どうしたら良いのかを考えてみました。

(1) 夢を語ろう——三十三歳の初任教員

一九七八年(昭和五十三年)、僕は三十三歳で教育の世界に入りました。定時制高校を五年かけて二十歳で卒業後、十年余にわたって組立工・運送・ボール盤工・公務員などを経験、二十八歳で大学進学しました。

その頃の教員採用者は、民間企業出身で二百人余りのうち数人でした。しかも民間企業で十年も働くとなると異色中の異色でしょう。受け入れる側の教員たちにとって、三十代半ばの初任教師をどこかで斜に構えて受け入れようとしていました。毎日新聞社刊の月刊『教育の森』が「でもしか教師」と先生たちを徹底的にこきおろしていましたから、なおさらです。

初任教員として着任した山田小学校は、一級河川の鶴見川と多摩川によって田畑が広がり、青木昆陽先生の碑があるなど歴史的・地理的に興味と関心を抱く所でした。二つの河川が再三の氾濫《はんらん》で田畑を豊かにすると同時に住民にとって困った存在でもありました。高度経済成長の半ばの一九六五年(昭和四十年)頃でしょうか、ここにニュータウンが生まれ、戸建て住宅が数え切れないほど構えられました。土地が六十坪以上で、建て坪が三十坪以上という戸建て住宅に住む人々は、横浜や東京などに通勤します。経済成長を支えているという自信と実力に溢れた家族です。加えて、農家が経営するアパートに住む家族がクラスの生徒の半数ほどはいます。格差のはっきりとした街ということです。漁師町だった様子も伺えます。

新任教員五人は学校長の前で宣誓式を行い、転任五人を含めた十人が教職員にそれぞれの挨拶をしました。（個別級担任を含めて二十六人の教員の内の十人が入れ換えとは。そのうちの四人が新卒です）

経済格差によって、学校教育に異常なほど干渉する人たちと、関心を示さない人たちに分かれ、むずかしい学区でした。学校長は僕らに指導をしているつもりなのか、それとも前年度で何か起きたのか、ポロリと本音をはき出していました。

一九七八年（昭和五十三年）の四月五日に、僕の教員生活が始まりました。出席簿を片手に二階の四年二組の表記を確認して子どもたちの待つ教室に入りました。三十九人という大きなクラスです。僕は子どもたちの「高田先生ってどんな先生だろう」とキラキラした瞳に圧倒されながら簡単な自己紹介後、子どもたちの出欠席の確認を始めました。子どものフルネームを一人ひとり読みながら挨拶をかわします。そこで三十九人の名前を覚え、こんなコミュニケーションを積み重ねれば、クラスの崩壊は起こらないというのが僕の思いでもあるからです。

ある日のことです。出欠席をとります。

「柿内登くん」

返事がありません。僕は新学期早々お休みかな、と思いつつも、もう一度彼の名前を呼み上げました。返事はありませんが、前の座席から三番目に緊張して体をこわばらせて下を向いたままの男の子が目に止まりました。

「柿内くんは君のことですか」

返事はありませんが、下を向いたままのこの男の子が柿内君であることは、新米教師でも分かります。さて、どうしたものかと思う間もなく、一人の女の子が意を決したかのように言うのです。

「登くん、話さないんです」

僕は、えっ、話さないってどういうことかな……言語障害か、いや待てよ。昨日の引き継ぎには学力の遅れている子の話ぐらいで、そのあとは、事務連絡だけだったただけじゃないか。

「そうですか、分かりました。柿内くん、高田先生やクラスの友だちと仲良く楽しく勉強したり遊んだりしましょう」

クラスの中にほっとした空気が流れました。おそらく前任者は「話さないこと」を否定的に受け止め対応したようです。それゆえ、子どもたちは、柿内登君をどう受け止め関わって良いのか、悩んでいた一年間だったと僕は推測したのです。

「お返事しなくても良いです」という僕のひと言でクラスの空気が一変したことからクラス担任が話をしない彼にどう対応したのか、本音が分かりました。

学年研究会前の空いた時間に、柿内登君を三年時に担任した勤続三十七年のベテラン教師・小田先生に柿内君が話をしないことについて聞いてみました。

「面倒な子ね。話すように気を使ってあげているのに何も話さないの。教科書も鉛筆も自分で準備できないの。じっと座っているだけね。給食では嫌いなものは絶対に食べないし食べ終わるのが遅いから片付けができないし。おもらしをするし、とんでもない子よ。水泳では着替えを自分でできないからクラス全員に迷惑かけるし、手のかかる子ね」

教員生活四十年近い先生の柿内登君に対する事実と個人的感情をごちゃまぜにした、信じられない話に、僕は唖然としました。しかも柿内登君について教職員はその情報の

▲はつらつとした初任教員のころ（33歳）

共有化を図っていないこともベテラン教師・小田先生との話から分かるあり様でした。どうも根が深い。柿内登君の指導から課題をかかえる子どもたちを放りっぱなしにしている教師集団がみえてくる、と僕はこの学校のラジカルな（本質的・根源的課題）なところに着目してしまいました。

僕が二十代の半ばに勤めた通信機メーカーでは、労働者の年齢構成がいびつなことから、会社の存続危機に気付きました。ラジエーター会社では働く人たちの声を聞き止められない体質から企業の倒産を指摘しました。この二つの企業は縮小や倒産に追い込まれました。またある鉄鋼会社では労働環境が悪く世間で言うところの３Ｋ会社でしたが、働く人同士に温かみがあり、不況に入っても企業は存続すると読みましたが、それから四十年。今でも黒字経営とのことです。僕の社会的経験から山田小学校の最大の課題は、教師集団にある、と読み解きました。

その教師集団は「手のかかる子」「問題をかかえていながら必死に生きている子」を放り投げていたのです。それは企業でいえば倒産寸前の会社です。営利を求められずあちこちで不満を言い、管理職も自己の利益しか考えられない——そんな企業体質と同じです。最大の課題は異論を受け入れないという体質を、教師集団のリーダーが強烈な権力で築き上げていた、ということです。教師集団のリーダーは、自分の得意とする算数という教科を本人が着任と同時に重点研究とし、これを足がかりに、質問や意見を徹底的に封じながら王国を築いたのです。年度末反省会全体会では反省がひとつも出ないという非常事態になったことから十分読みとれます。

より良いリーダーなら権力を築くこともそれなりに受け止められますが、誤った方向に歩む教師集団に変貌していくとしたら、ことは重大です。障害のある子やクラス経営で配慮を望む子を「障害のある子の指導ばかりに熱中し、他の子はどうしたのか」と否定されては、本末転倒です。様々な課題を抱え必死に生きている子どもたちこそクラスの核として学校・学級経営をすすめることです。

僕は子ども時代に土俵上にぶん投げられ、痛い思いと悔しい気持ち、悲しい気持ちを体験しました。それは思い出として残り、場合によっては友情を積み上げ、学びの場となりました。

しかし、教師集団はそういうわけにはいきません。当事者が初任の教員であればなおさらです。発言する新任に陰湿な教師集団独特のいやみやいじめが始まります。書類を音をたてて落としたり、ファイルから必要書類を抜き隠すなどです。各種大会の表彰状やあゆみなどの公文書をどこかにしまい込み、担当の先生はあわてます。権力者に頭を下げないと補充分の表彰状やあゆみが手に入りません。僕の周りの若手教員を萎縮させました。

究極のいやみといじめは仲間はずしで、挨拶をしない、聞こえないふりをする、日程を伝えないなどまるで子どもです。僕には仲間がいましたので、彼らが強烈な支えになりました。それは教育雑誌『人間になる』（樹芸書房）の編集委員の皆さんでした。

柿内君の指導を考えていく中で学校不適応・情緒障害について勉強をしました。四十年余も前の話ですから情報は限られています。『登校拒否児』全国情緒障害教育研究会編・日本文化科学社、『情報障害児教育（上下）』同・同、『緘黙・孤立児』同・同、『バウム・テストの臨床的研究』林勝造他・同、『情緒障害児(3)緘黙症児』十亀四郎・黎明書房、『ちえ遅れの子どもの算数・数学』藤原鴻一郎編・学習研究社、『障害児に学ぶ』伊藤隆二・福村出版、など障害児の国語・算数に関連する図書などを自費で購入し読み切りました。いずれも一般級で扱える知識や具体的な対応ではなく、障害児教育の手引き書でした。

これらの本を読みながら一般級に在籍する障害児の指導は手薄のように思えました。インターネットの時代にはまだ十数年かかる頃でしたから、情報を集めるだけでも苦労しました。指導上の疑問すらどこに問い合わせて良いか、途方に暮れる仕末でした。

一九七五年（昭和五十年）半ばに養教センターが仏向町に建てられましたが、一般級における障害児の指導については、模索中だったと推測します。教育委員会に問い合わせたところ「緘黙症ってなんですか」と逆に質問を受けるほどでした。養教センターと市教委との連携など、縦割り行政にあっては一般級における障害のある子の指導はほとんど連携できていなかったと思います。柿内登君の課題を校内で共有化するという発想すら生まれないのは、民間企業で働いたことのない教師集団の極めて自然な結果でしょう。

僕は課題のある子の指導について、校内に広げれば広げるほど、「うるさい初任ね。障害のある子なんて、特学で指導すればいいのよ」と教師集団からわずらわしい目で見られるようになり、障害のある子といっしょに僕までも排除の論理の対象となっていくのでした。

教員生活が三年過ぎた三十六歳の僕は、不十分な対応指導に自責の念にかられ、転任することにしました。転勤する僕にくれた教職員の言葉のひとつに「大人になって成長してください」。「大人になって」とはどういう意味ですか？　そんな成長ってあるんですか？　教師って何だか分かりません。世間からズレた幼稚な大人社会です。発言してトラブルが生まれることは良いことです。

四年の社会科は地域学習です。社会科を「好き・嫌い」で聞くと八〇％以上が「嫌い」と声をあげます。その背景にあるのはクラス担任が教科書を読んで授業をしたと錯覚しているからなのです。子どもにとって「実につまらない授業」ということを先生が気付かないし、分からないからです。

僕は「楽しい・わかる授業」を目指しました。地域の中に子どもたちが「びっくり」して「ふしぎだなぁ」「調べてみよう」と興味や関心をひき出す教材がたくさんあることに気付いたのです。通信機・ラジエーターの会社が倒産することに気付いたあの感性を総動員して、土曜の午後（当時は五日制ではありませんでした）街を探検したのです。青木昆陽先生のお墓がいたる所にあったり関ヶ原の闘いで使った鉄砲を地域住民から借りました。赤ちゃんほどの重さにびっくりしました。元教員の郷土史家とも出会い、郷土史の面白さにふれました。僕はカリキュラムを大幅に変えましたが、特に郷土史家の扱いでは彼が授業に参加することを先生たちは強固に反対しました。授業に郷土史家が加わることを反対するのです。最後には僕が土曜の午後に教材研究することまで「先生は独身だから」とわけの分からない口実で圧力をかけるのです。

いつの間にか教室の後ろに教務主任が「初任者指導だ」といって立っているのです。他にも僕同様の四人の新任者がいるのですが、彼女らの教室には入らなかったようです。三十三歳の新卒教員という色メガネで見られていたから、教員集団からは早くも〝要注意人物〟という存在に仕立て上げられたのです。

教師の悪い体質は、まず異質な人（僕は決して異質な人間ではありません）を受け入れません。次に異論を受け止められません。もちろん口ではそんなことを言いませんから、なおさら仕末が悪い。

僕はこうして徐々に教師仲間から離れていきましたが、保護者や住民とはパイプが太くなり、他のクラスの家庭内暴力や不登校などの相談まで僕が窓口になっていくあり様で、僕と教員集団とはいっそうギスギスしていくのでした。この学校は担任と保護者との信頼関係が育っていないことを新卒教員が気付いてしまったのです。実権を握る教務主任が僕の教室に入って来て〝無言の圧力〟を加えるわけです。

ある日、僕は学校経営計画反省会の記録ノートを見る機会がありました。そこには話し合った様子が何も書かれていないのです。これには驚きました。何も話し合っていないのでしょうか。その日から数日後、若手教員にこのことを聞いたところ「誰も何も言わなかったよ」と恐ろしいことを言うのです。僕が学年研や児童指導委員会で、柿内登君のことを訴えても反応がないのは当然です。

集団のリーダーが誤った空気をつくり、方針を出したらどれほどの痛い思いをするか、僕は企業社会や学生運動で学んだひとつですが、初任教員一年目でこの厄介な壁に出合い愕然としました。端的に言えばファッショ体制を作った学校では、話し合いはありませんから、柿内登君の話題が共有化されるなんてことはないのです。「柿内登なんて一人だ。他の三十九人を放りっぱなしにするのか」と誤った教育観。柿内登君をクラスの中心にすえて、互いに支え合う時、一人ひとりが伸びていく――そういう学級経営観や児童観が認識できない、硬直した発想が学校全体を覆っていたのです。

この教員集団は別の角度から学校経営や学級経営を見つめ、教育観や児童観、日々の授業を点検できず、ひたすら経験主義に走り、教員たちの思い願う結果が生まれなければ、行政や保護者に辛く当たって親が悪いと親を批判し溜飲を下げるのです。どうしようもない教師集団です。

そうだ。いささか不自由だったK大で教育研究会を立ち上げ予算まで付けさせて、四年生五人全員が教員採用試験にパスしたじゃないか。夏休みには現役の先生と合宿を開いて三十日間の水泳指導とその実践記録は学内誌でトップ記事になった。その発想を使おう。とにかく事実を創り出すことです。

僕は四年社会科で学ぶ『各地のくらし』(現在は五年の教材)で、北は北海道から南は沖縄まで現地調査し、教室や廊下はその情報で溢れるばかりにしました。社会科は嫌いが三十八人中三十五人でしたが、全く逆の結果を一学期が終わった頃に築き上げてしまいました。

北海道には夏も冬も行き、マイナス二〇度の様子をビデオに収録。カニラーメンを食べるシーンでは子どもたちの大喝采《だいかっさい》を浴び、現地調査に協力してくれた十日町の派出所の皆さんからは草もちが学年分届いたりしました。

意固地《いこじ》になった教員・教師集団ほど、とくに経験主義で子どもを理解し授業を組み立てるベテランは使えません。青森・群馬・千葉と夏休み土日を使って調査しても、「高田先生は独身だからね」と別次元の話をします。僕が保護者の紹介で結婚しても「保護者の紹介だってさ」とわけの分からぬ噂をかきたてるほど、教師としての質が低下し、僕が北日本から東日本を走り回り、教材研究をしていることを話題にしてくれたのは、若手教員ぐらいでした。互いに切磋琢磨《せっさたくま》できなかったのです。絶大な信頼があるからこそ地域の住民から今の連れ合いを紹介されたということを理解できないのです。彼らとは教育について話し合うことができません。

僕は潮時を判断しました。こうした経験主義にあぐらを組み、自己研鑽《けんさん》に乏しい集団からでは新しい息吹きを味わえないと判断をしたのです。もっともっと学ぶ環境に行こう。

僕は教員四年目に新設校に転出。新設一年目の六年生担任と体育主任になり、学校開放や市民図書館設立に関わり、わが家の坊主二人を放りっぱなしにして走り回っていました。（正しく言えば、二人の子どもを巻き込んで僕なりの子育てをしたのですが、連れ合いにはなか

なか理解されません。それでも後押ししてくれました。感謝のひと言です）

僕の発想や行動を教師集団に受け入れられなかったわけは何だろうか。そのことを考えてみました。敗戦後の僕の子ども時代はひと言で表わすとしたら「貧乏」ということでした。加えて、正しく表現すれば「皆、貧乏」でした。

その中でも部落出身者や生活保護児童はひどいものでした。生活保護（準保）世帯のわが家では、雨が降れば天井から雨漏り、ドッタン便所は雨水と人糞で溢れ返りそうになります。母と僕は栄養失調から脚気《かっけ》・夜盲症（鳥目）となり、『あゆみ』の「健康欄」には栄養不良と記入されるほどでした。母が隣近所に米をもらいに行く姿を何度も見たものです。

僕はその環境から逃げませんでした。「なぜ、オレだけは昼飯も食えないのか」と悩み、高校進学できないことから「どう生きたら良いのか」「自分の力で見つめるしかない」と考えるようになりました。前述しましたが、定時制高校を五年かけて卒業し教員の道を志しましたが、期待して入学した大学は大混乱していました。僕も学生の一人として激しく闘い、考え悩み苦しみ、その結果として「十年社会経験を積んでみよう」と、通信機メーカーの工員・鉄工所のボール盤工・新聞販売所の住み込み店員・運送会社助手・

県公務員・学校警備員などを経験しました。二十八歳で大学に再入学して改めて教員の道を目指しました。

生活保護（準保）という家庭環境や十年もの様々な労働・社会経験は僕の人生観や価値観に決定的な影響を与えました。重い労災で顔や手足を失い、必死に生きている親族との関わりは強烈なカルチャーショックを受けました。教育に関心を持ったのは軽いできごとや体験からではありません。『君たちはどう生きるか』（吉野源三郎・岩波書店）の答えが教育の世界に足を踏み込まさせ、二十八歳で大学進学のモチベーションとなったのです。教員採用試験の準備に加えて、その四年間は教育書を中心に毎月三冊以上読みました。皮肉なことにこのパワーが新任教師の僕と教師集団に大きなズレを生み争うことになりました。

振り返ってみますと伊藤隆二『障害児に学ぶ』『治療教育講座』いずれも福村出版、舁地三郎『しいのみ学園』同、鈴木道太『北方教育の記録』麦書房、羽仁五郎『教育の論理』ダイヤモント社、月刊『教育の森』毎日新聞社、神津善三郎『教育哀史』銀河書房、林竹二『授業人間について』国土社、斎藤喜博『教師の資質をつくるために』同、山中恒『戦中教育の裏窓』朝日新聞社、金沢嘉市『ほんとうの教育を求めて』主婦の友社、村田栄一『学級通信・ガリバー』社会評論社、高井有一『真実の学校』新潮社、国分一太郎『生活綴方ノート』新評論社、戸田金一『北方教育研究ノート・真実の先生』教育史料出版会、川合章『子どもの発達と教育』青木書店、加藤周四郎『わが北方教育の道』無明舎出版、灰谷健次郎『兎の眼』理論社、野本三吉『邑が蘇えるとき』野草社、波多野完治『子どものものの考え方』岩波書店、平井信義『親の知らない子どもの秘密』実業之日本社、など次々と教育などに関わる図書が浮かんできます。そして僕なりに教育への思いを築き上げていきました。

月刊『教育の森』(毎日新聞社)などは教育批判＝教師批判のキャンペーンを打ち、僕もそれを読んでいっぱしの教育評論家に変貌していました。そのことが先輩教師たちにいっそうの警戒心を生み対立の芽を育ててしまいました。

僕は思いっ切りかまえて教育現場に入ってしまいました。

僕が赴任した山田小学校は初任教師の日からもわずか一か月の教員生活で、デタラメな教育をしていると思いました。僕が受け持った四年生は、三年間で担任が七人も代わったのです。不安定な子ども集団でした。ちょっとしたできごとで子どもたちは泣くのです。しかも職員は誰も声を出さない、言えないといったファッショ体制が敷かれた息苦しい雰囲気でした。僕は学年研などで子どもの話をしました。

新任教師を受け入れる先輩たちにしてみれば、ろくでもない学校経営や授業実践を、民間企業で働いた（なぜか、民間企業で働いた経験は教師の経験より高く評価される風潮がありました）高田にバラされたくないという警戒心が働いたようです。確かにおかしい。一年生のクラスの目標が「友だちいっぱい」で、六年生では「みんな仲良く」はどうしたって理解に苦しむクラス、学校運営です。そんなあいまいなクラス目標をどう検証し評価するのでしょうか。

教師集団は、権力を握った教務主任に忖度《そんたく》し、板書の文字の書き方で止め・はね・払いなど教育技術などに終始し、学力の遅れた子、ナイフを持って暴れる子、障害のある子たちの指導を放り投げ、教育の本質から明らかにズレていても声を出して話し合うことを避けていました。

教室から、家庭から、街のあちらこちらから、子どもや保護者の切実な声が聞こえているというのに。僕のところには他のクラスの子の保護者から不登校や家庭内暴力の相談が突然届いたことがありました。保護者に言わせれば「先生に相談できない」というほど山田小学校の教師集団は保護者の不信感を買っていたのです。

リーダーはその事実を隠蔽《いんぺい》したのです。ベテランは自己保身を図って何も言いません。初任教員でありながら、僕自身も身がまえ、先輩たちも必要以上に警戒し、僕のひと言に反応するありさまでした。さまざまな圧力が加わる三年間でした。「障害のある子ばかり関わって、他の子はどうしているんだ」と僕はこの理屈で批判されましたが、山田小学校の教師集団がどれほど教育書を読んでいないか、よく分かる事例でした。経験主義に陥った典型的な教育論です。

約三十年後、文科省は「インクルーシブ教育」を訴えたことからも、僕の主張がどれほど理にかなったものかが認識できると思います。

当時の僕の認識は、この程度の認識でした。主張するので精一杯でした。教員生活三年ではさすがに経験不足でした。

僕は自分自身を追い詰め、力を育てるために転任を申し出ました。「三年で転任するなんて昇進に響くよ」と助言をしてくれた先輩もいましたが、この学校現場は僕の限界を超えていました。

障害や課題を抱え、必死に生きている子どもたちを、ここまで偏見と差別意識で対応する教師集団はどうしても許せなかったのです。

(2) 十二歳の反乱と混迷する教師たち

①序 章

僕は民間企業や県公務員として十年余り働いたあと、教員生活二十九年、学習塾経営と講師として十五年働き、六十五歳を迎えていました。

僕は江川小学校に臨時的任用教諭（臨任）として、中学年（三、四年）の図工を担当することになりました。一年ぶりに教壇に復帰することになったのです。『楽しきかな、わが道を行く』などと自分史を書き、のんびりと過ごしていたところに、再び教師として授業をするという、思いがけないできごとに遭遇することになりました。

学校長との面談日は春の大雨でした。スーツはびしょ濡れで、校長室のソファーに座わるにも気がひけました。何か縁起が悪いなぁ、という思いを胸に、学校長と挨拶を交わしました。そのあと、学校長は、「三、四年だけでなく六年生の指導もお願いします」と言うのです。「おやおや、なんだか話が違うなぁ」と思いつつ「まあいいか」と受け流してしまいました。

僕は全身びしょ濡れで話に集中できずじまいでした。四月八日の着任を了解するのが精一杯でした。

始業式・着任式・離任式など新年度始めの行事が終わった四月第三週のことです。僕は階段下で清掃活動中の六年生に出会いました。子どもたちは、廊下の砂などを箒《ほうき》と塵《ちり》取りで清掃活動中でした。その周りにはバケツが転がり、床は水浸しのままなのです。びしょぬれの雑巾《ぞうきん》があちこちに落ちています。どうみたって清掃中とは見えません。僕は子どもたちに、「先生といっしょに片付けようか。床が水びたしで大変だよ」と声をかけたのですが、「はぁい」と生半可な返事と聞こえないという表情なのです。さらにどうでもよさそうな話題を無理矢理ひっぱり出して、いかにも楽しそうに笑い転げ、僕の反応をうかがうのです。思春期に入ったと言えばそれまでですが、その行為の一つひとつがどう見ても真面目な清掃活動には見えません。僕は言葉に表せられない腹立たしさと彼女たちの異様な空気を感じ取りました。

僕は首をかしげました。五人の六年生以外の子どもたちは、高学年なので〝出張そうじ〟といって、校内を分担して清掃をするのですが、どこにも担任はいません。「教室や特別教室、一年生の教室とそうじをするところが多いからなあ。担任だって大変だよ」。そう納得しつつも、僕は子どもたちの少々不快な清掃活動と担任不在が気になりました。

四月上旬の一年の始まりだから、クラス担任はあれこれと気を配り、清掃の仕方を指導するものだけど。何か緊張感がないなあ、一生懸命さがないなあ。担任は、四月の今こそ子どもと勝負をしなかったら、学校もクラスもけじめのつかない、空中分解してしまうのに——。「指導の勝負どころ」という意識がまるで見られません。

僕は改めて、三階から二階、一階と歩き、全校の清掃活動や教室の掲示物、カバンなどの様子を見ました。三階の高学年フロアには担任が一人もいません。〝出張そうじ〟があるので物理的にも不在なところがあるのは分かるのですが、何か違う空気を感じとります。

清掃活動は、クラス担任が子どもの前でお手本を示すことが何よりも大切です。これが清掃活動の指導の基本です。「指示より範を示せ」ですが、僕が校内を巡回した限りでは「○○ちゃん、きれいに掃いて」「速く机を運んで」「ごみが残っています」と指示ばかりです。クラス担任の指示と注意する声が、廊下を歩いている僕の耳にびんびん響きます。これは基本が分かっていない教師集団と読み取りました。

僕は遠慮がちに五年一組の教室に入りました。なるほど「皆、仲良く」か。教室の黒板中央にクラス目標が掲げてあります。先生は習字が得意なようです。力強い黒々とした墨でクラス目標がそう書かれています。子どもたちとクラス担任が話し合ったのでしょう。でも「何だか変だな。五年になっても、みんな仲良くとは、この学年はよっぽど仲が悪いのか。しかもみんな仲良くなんて、つかみどころのない目標です。前期終了の時、どう反省するのかな。清掃指導だけではなさそうで、一つひとつがいい加減に見えてくるのです。学校全体で子どもの様子について話し合っているように見えません。教育委員会が言うところの「チーム江川小」にほど遠いのです。

二階の中学年フロアです。三年一組は学年主任の教室です。僕は教員経験六年の三十九歳でその大役をまかせられました。それはど大切なポストですが、前任者の彼女は確か四年目の二十七歳です。諸《もろもろ》の学校事情があるのでしょうが、経験こそ武器の教育界にあって、それは少々理解できません。案の定、子どものカバンは上を向き下を向きのバラバラ、雑巾は整理されていません。

明日は新学年始めの懇談会というのにクラス目標も子どもたちの作品も掲示されていません。どう見たって魅力ある学年、クラスではありません。そんな教室環境を保護者はどう受け止めるでしょうか。

年度末反省会がいい加減だったのか、あるいは人材不足なのか——考えさせられました。

②六年二組の反乱

七月のある日、僕は六年二組の担任・上田裕子先生が指導中の教室に入りました。教師の世界の常識では、他のクラスに教職員が勝手に入室することはできません。僕の場合は、学校長の配慮で自由に入退室できました。週案によると僕が六年二組の教室に入室したのは、社会科の時でした。黒板には「鎌倉幕府成立」としか書いてありません。

「えらく乱暴な週案だ。せめて2/5などと書いてあれば予測がつくのに」。2/5とは、五時間目の学習時間のうちの二時間目という意味です。教員経験二十四年の上田裕子先生は六年担任と体育主任で、運動会では職員の中心となって大活躍します。管理職からの信頼も絶大な頼りになる先生です。しかしそのクラス担任が今、見当たりません。僕が教室にいるであろう上田先生を見つけようとしている間に、教室は騒然としてきました。在日韓国人の木村君は、クラスメートの靴を投げ、カバンや教科書を放り投げ、はては破り捨てて、

「バッカヤロウ、死ねぇ、ニッポンジン」

と大声をあげています。七、八人の男の子たちは、木村君に向かって、明らかに差別用語である汚い言葉で罵倒し始めました。女の子たちも七、八人の男の子たちに同調して騒

ぎ立てています。黒板の前には男女四、五人が固まっています。そのうちの一人は、担任の教卓を開けて中を探しています。いつ頃からルールが崩れたのでしょうか。学年研では情報・意見・交換はしていたのでしょうか。

「エロ本だぁ。上田先生、女のくせにエロ本読んでいる」

と、その一人が大声を上げて女の子たちにエロ本（多分週刊誌でしょう。子どもが持ち込んできたのを机の中に置きっぱなしにしておいたと推察できます）を投げつけます。彼女らも「キャア、エッチ」と殊更に声を張りあげ、教室を走り回っています。社会科の授業どころではありません。担任はどこにいるのでしょうか。

担任の食べ残したらしいパンをサッカーボールに見立てて蹴っ飛ばし、教室のあちらこちらにごみクズ同様に散らかしていました。僕は担任はどこにいるのかと教室を見回すと、何と校庭側に置かれたロッカー横に腰が抜けたのか、へたり込んでいたのです。じっと座ったまま顔を伏せている担任の姿に僕は唖然としました。こんな教室や担任の姿を僕の教員生活二十九年間で一度も出合ったことがなかったからです。

僕は小学六年の時にクラスのボス・関口君に土俵際で吹っ飛ばされたことを思い出しました。体験こそすばらしい学びなのです。だからこそ六年二組の子どもの言動をどう受け止め理解したらよいのでしょうか。子どもたちの行動を押さえつけるだけでは教育的対応とは言えませんからね。でも……、それは学びではありません。

③臨時職員会議

運動会も終わり、ほっとひと息ついた九月中旬に、臨時職員会議の召集がありました。「なんだ、どうしたの」「子どもの事故か」といったいぶかしさのこもった声と「もうどうしようもない」という焦燥感で、職員室は異様な空気に包まれていました。

職員会議の司会を務める教務主任や学校長の挨拶もどこへやら、六年学年主任の吉川先生は張りつめてもう投げやりの声で、大声でしゃべりました。六年学年主任の発言とは思えないほど冷静さを失っています。

「こんな六年生は初めてです。わたしはこの子たちを五年生の時から受け持っていましたが、その頃から担任の指示が通りません。私、明日から休職します。明日から休みます」

結論ありきの六年学年主任の冒頭の言葉に、職員室に緊張した空気が走りました。職員室は学校によっては修羅場と化します。新採用教員が電話口で保護者と「一生懸命指導しているんです」と唳声で訴え、突如休み・欠員となった対策で学校長と組合がいがみ合います。教員同士が社共対立の煽《あお》りから口論することもあります。僕は「やれやれ、にぎやかな職員室だな。でも死ぬの生きるのと言った話じゃないぜ。オレの前でバッタリ死んだという経験をした者にとって、子どもの行動はまあ大変だけど、なんとかなるさ」と思い、周囲の先生の反応を観察しました。

「モンペの襲来だな」

「保護者が数人、校長室に入って行った」

「六年生の親ね、一人はPTA会長」

「いやね。これだからPTAの活動や役員が嫌いなのよ。うるさい役員たち」

教員の見方はいつも他人事のようにとらえます。決して自分ごとのようにとらえられません。

子どもたちや、不安定なクラスを他人事のように、あるいは少し気にするふりをしていた先生も、二組担任で運動会の中心となって活躍した実力のある上田先生や、一組の学年主任の吉川先生の悲痛な訴えや表情から、釘付けになってしまいました。

六年学年主任の吉川先生は一気呵成《かせい》に胸に積もった苦しい心情を思いっ切り吐露しました。

「学活の授業中に、中学受験用のテキストを出して、英語の勉強をしていた殿村君に『やめなさい』と言ったら『中学受験に落ちたら保障してくれるかよ』です」

「先生方もお気付きでしたでしょう？ 運動会が公開模試とぶつかって子どもたちの参加人数が少なかったため団体競技が中止になったことです。本校では中止になっても学校から何の説明もありません」。

「忘れ物は日常茶飯事で、ケンカは在日韓国人の木村君を中心に朝から帰りまで。トイレの中でもケンカが始まります。何人かの男女は中学受験のストレスを木村君に向けているようです」六年一組担任の吉川先生は、学年主任で校内重点研の推進委員長として管理職からも大きな信頼を得ています。その彼女から「退職します」「休職します」と苦しい心の内を聞かされた先生たちは緊張感をいっそう高め、次にどのような場面が起きるのかと、じっと司会者を見つめます。クラスが荒れているのは二組なのに一組の担任までさじを投げるとはどうしたことか。

「一組のわたしの家まで二組の保護者の電話が届きます。一時間もかけてようやく終わってホッとすると、今度は一組の父親です。父親の要望はいじめと同じです。期日まで指定し文書にて回答しろです。木村君の他校転出、クラス解体、担任の配置換えなどで要求がエスカレートします。中学受験のための授業を要求してきます。電話が怖くて不通にしております」

凄まじい話です。二組の担任の上田先生を飛び越えて学年主任の吉川先生に、一組と二組の話が猛烈な嵐で吹いて来たのです。世間で話題のモンスター・ペアレントが江川小学校にも現われたのです。保護者たちはPTA会長まで引っ張り込んで、校長室で三時間も何を話したのでしょうか。自分や自分たちの言動を棚に上げ、小学校入学前から在日韓国人の木村君に様々な人権侵害を侵しておきながら。同じことは江川小の先生たちにも言えることです。「忙しい」をもってすべてを正当化する。民間企業では、月間百時間の残業があり「忙しい」状況でしたが、おしゃかを作って売り損ねればボーナス・カット、と責任を追及されたものです。僕はAからZの評価ランクでZを食らいました。ボーナスは五〇%カットを体験しました。

教師も保護者も自分を見つめず、責任をなすり付け合う江川小学校でした。

④けっぱれ、高田先生

僕は中学校を卒業後、八欧電気（現・富士通ゼネラル）に就職。中卒採用者二百人余りの中でただ一人技術部技術課に配属されました。コンデンサーやボリュウム、ブラウンカンなどの外注した部品や研究した素材がデータ仕様の誤差範囲に入っているか、七、八台の測定器などで調べます。電話による下請け業者からの問い合わせはもちろん、上司のタバコの注文買い付けやラブレターまで届けるほどでした。そうした職場から言葉の使い方、電話の受け答え、そして片言の英語まで学びました。

僕は「人は互いに助け合い、生きていること」を肌感覚で学びました。都立大・電気大出身者といえども目の前の測定器の扱いは容易にできるわけではありません。僕が説明した翌日、彼は森永キャラメルを一箱、僕の机に何も言わず置いていきました。余談ですが直属の上司は、元物理の先生らしいのですが、社内の健康管理室の看護師（女）さんと恋仲のようで、僕はラブレターまで届けました。彼女がとってもうれしそうに明治のチョコレートを二枚「ありがとう」と言って手渡してくれました。教師はそうした生々しい人間らしい経験を大人社会で経験しないでセンセイになるものですから、吉川先生の悲痛な訴えにも聞いているだけです。いいえ、先生たちは一生懸命受け止め考えるのですが解決案は出せません。僕は躊躇《ちゅうちょ》することもなく学年主任の吉川先生、二組担任の上田先生に協力し支援しようと思い立ちました。僕は吉川先生の報告のあと、発言しました。個人攻撃をしないように配慮し発言しました。

「四月の始業式や入学式など後列の子どもたちの並び方や話の聞き方がひどい。とくに高学年はおしゃべりしっぱなしです。先生方は誰も注意しません。それどころか先生方もおしゃべりをしています。子どもは先生の言動をよく見て、同じことをしますよ」

先生たちは、子どもの頃からクラスの中で、悪くても四、五番目の成績ですから、親以外の他人から注意されたり怒鳴られた経験が希薄です。したがって改めて指摘されただけでも心の中で右往左往し、どう判断して良いのか迷います。新卒教員が夏休み明けに故郷に帰ったままなんて典型な事例です。先生の体質もそのようですがいかがでしょうか。

僕は四月の清掃の様子を話しました。

「『○○を速くしましょう』『きれいにしましょう』と指示は多いのですが、先生がお手本を示している様子はほとんど見られません。四月は一年の中で、最も大切な時期ですね。何事にもクラス担任がお手本を示し、子どもたちに教え込まねばいけません」

僕の指摘した具体的な事例は先生たちにとって当然のことだったのか、先生たちの反応が鈍いのです。背景には何でも話ができるという相互の信頼関係が育っていないようです。こういう環境は何年もかけて積み上げ築き上げられるものですから、代々の管理職に責任があることは明らかです。一人ひとりの先生に学校を創ろうという意識も望まれます。

⑤心を開いて、チーム江川小

河村校長はそのことに気付いていたようです。重い扉を一生懸命こじ開けようと語りかけます。

「わたしも忙しいことを理由に、新学期の四月の大切さを忘れていました。管理職は二人いるし、教務主任もいるわけですから校内巡視をしっかりやらないと」

僕が予想した通り、次の会話がありません。学校長が自省を込めて語りかけても先生たちは反応しません。校長が着任して二年。苦労されていたのはこんな背景があったようです。一人ひとりが教師として自立していないのです。

「朝から保護者対応です。私が出勤するのを正門で待ちかまえているのです。面談のアポもなく突然やってくるのですからわたしの仕事は何もできません。担任を代えろ、席代えをしろ、クラスを代えろ、○○は他の学校に移せ、など自分勝手どころか無理なことばかり主張します。なかには期限付きで回答しろ、です」

校長先生は率直に正直に話をするのですが、当事者の六年二組の担任・上田先生は机に目を落としたままです。すべての責任を一身に受けているようです。上田先生も反省すべきでしょうが、自信を失うほど落ち込むことはありません。先生の体質ですね。人生の中で豊かな経験が少ないとこうしたできごとにどう対応して良いのか分からなくなるのです。

校長は先生たちに正直に訴えて意見を求めるのですが、あちらこちらで「モンペの襲来だな」「ベテランでもクラス崩壊か」と他人事のような声が聞こえます。僕はこれは困った。まず先生同士が心を開かなくては――と思い、

「しばらく周りの先生同士で、校長先生が話されたことを中心に自由におしゃべりをしましょう」

と促しました。学校長や教務主任と事前の打ち合わせをしていたわけではなかったのでこの発言は少々気になりましたが、先生たちにとってこんな問いかけには答えられそうでした。スムーズに話が進みそうでした。僕が六十三歳という最高齢者ゆえに会話を円滑にさせたのかも知れません。あるいは先生同士、会話を望んでいたのかも知れません。先生は子どもの話題なら大好きです。際限なく話します。ただし、相当に無責任な内容ですが。とにかく心の奥底にあるものを吐き出させなくては次に進みません。

「今年の六年生は、就学時健診からすでにルールを守れず、おしゃべりをしていました」

「指示が通りません」

「三年生までに担任が六人も代わりました。異状ですよ」

「今年は四月に入っても六年担任が決まりませんでした。どうしてですか」

ひどい話です。これらのできごとを他人事にしかつかめない江川小学校の教職員集団の体質に気付かないといけません。まずは、先生たち同士が心を開き、子どもたちの話題を共有化し、信頼関係を築くことです。僕はそう判断し、さらに、

「しばらくの間、周りの先生と自由に話しましょう。全職員に向けての報告は自由とします。質問も自由。返答も自由です」

先生たち同士に心を開いて会話することを求めました。そこから自分なりに問題意識を持っていくことをひそかに願ったのです。

「昨年の六年生は、四年生の時の担任が妊活でたびたび遅刻早退をするなど、クラスが落ち着かない一年間でした」

「今だから言いますが、妊活先生はテストの○×も付けず放置していました。体調が悪くて出勤するのが精一杯でした」

「学年末にテストをまとめて返しました」

「三年生は新採用教員で、夏休み明けから欠勤を続け十月に退職しました。彼女の言い分は、子どもたちが担任の指示に従わない、ということでした」

「学校長に相談を求めると『自分のクラスは自分で指導しろ』の一点張り。それでいながら教員の意見は徹底的に封じ、ヒットラーの圧制そっくりの学校運営を五年にわたって築き上げてきました」

「学校経営反省会全体会では、誰も反省文を書かないから、全体会は一分で終了。分科会を開いても反省が一つもないから話にならないという年度が二回ありました」

「六年担任を始業式の当日の朝、非常勤に押し付けています。信じられないことをする管理職でした」

ひどい話ですが、常軌を逸するとんでもない行動で、ひどい話どころではありません。人ごとのように見つめている江川小学校教師集団に、その責任感の薄さに驚きます。

僕は学習指導要領や市の教育の指針から「教師の主体的な関わり」を話したのですが「何を言っているの」という反応です。どの職員も管理職に不信感を持った状態で今年度も夏まで進んでいたということなのです。まずは管理職が職員を信じることから始まります。

音楽・家庭科専科の先生が六年二組の教室出入り口に足を運び、子どもたちに声をかけるようになったのは本当にうれしい変化でした。教職員一人ひとりが小さな行動を受け止め、もっともっと話し合う機会を作らねばと思われます。

⑥立ち上がれ、江川小の先生たち

国語「やまなし」の授業です。この作品は宮沢賢治の代表的な作品で六年の教材にたびたび取り上げられています。「表現に注意して、情景を思い浮かべながら」というのが学習の目あてでしたから、僕は音読活動を取り入れた学習活動を計画しました。音読活動を作業に当ててしまえば、ケンカもおしゃべりもエロ本騒ぎも生まれないと予測したのです。

ところが、見通しが甘かった。僕の思いや願いが優先された学習計画を彼らは容易に見抜いたのです。ドアを壊す、教室のスイッチをつぶす、トイレの扉を壊すのが日常茶飯事の二組に賢治を受け入れるはずがありません。授業が始まって五分した頃、教室に罵声《ばせい》が響きます。

「やい、ガイジン、ひらがなも読めない六年」

「ガイジン」に激怒した木村君は体重八〇キロを生かして机を高々と持ち上げます。筆箱・教科書・ノートなどが次々とこぼれ落ち散乱します。

木村君の近くに座っていた女の子たちは悲鳴をあげて逃げ回ります。ひどい言葉を使うものです。木村君は小学校入学前から江川小学区に住んでいるのだから、もう六年も同じ学年の友だちと生活しています。それでもガイジンか。この学区は当時から次々とマンションが出来、保護者も子どもも互いにピリピリしています。担任から忘れ物で注意されるたびに、なぜか忘れたことがマンション中を走り回り話題となります。

また塾通いのことやテストの点数の結果などが次々と保護者間のうわさとなり、いっそうの緊張感が広がります。

今日のことはマンション住民の保護者たちにどう伝わるでしょう。そんな対応すらできないとはそうとうな重症だと思うのです。

職員会議で話し合ったこともあってか、教務主任が木村君を落ち着かせています。僕はクラス全員に訴えます。

「ガイジン」は差別用語として扱われていることを説明し、その場を納め授業を再開させます。

僕はちらばった木村君の鉛筆や消しゴムや教科書類を拾い、それぞれを所定の位置に置きながら、涙をとめられなかった。

「誰が木村君を『ガイジン』と言い出したんだ。彼は問題児か」片付けたからこれで終わりじゃない。先生たちは何をしてきたんだろう。どこにも持っていくことのできない怒りだけが、僕の体中に走り回ります。

「音楽と家庭科専科の先生は、教室の後ろ出入口から一部始終を青ざめた表情で見ていました。子どもたちは再び二組担任に向けます。

「先生、靴を盗んだ犯人がこの教室にいるんです」

「犯人を見つけてください」

「約束したことは守りましょうと言ったんだから、犯人を探してください」

「うそをつく先生は、教師失格」

「エロ本先生。女のくせにエロ本を読んでいまぁす」

子どもたちの容赦ない〝人格攻撃〟が担任に浴びせられます。担任は校庭側の窓に追いつめられ、腰から崩れ落ちました。二人の専科先生は子どもたちを止められません。

「いくら何でもひどい」、「子どもの使う言葉ではありません」と怒りに震え涙をみせています。でもこのパニック状態はどうしようもありません。終鈴のチャイムで子どもたちは校庭に向かって走り出しました。もちろん終鈴の挨拶なんてしません。二人の専科先生は、子どもたちが校庭へ走り去る間をくぐり抜けるようにして、僕の近くまで思いつめた表情で来ました。

「実は悩んでいるんです」、「二組の授業のある日はおなかが痛くなって」。家庭科では危ない刃物類を使えないため実習ができないこと、音楽では歌うこともできず、卒業式が気になって気になって眠れないというのです。そこへ身長一メートル六〇センチで体重八〇キロの見事な体格の木村君がおなかの肉をゆたゆた動かし、教室横の廊下をバタバタ音をたてて走って来ました。

専科の先生たちは悲鳴をあげて、二つ隣の図書室に逃げ込みました。木村君は目の前に誰もいなくなったのを幸いに僕に体当たりするかのような走り方で迫って来ました。僕は木村君の片足をつかんで「待てぇ、走るな」とタックルです。六十歳半ばで一メートル六〇センチ、六〇キロもないおじいさん先生です。自分の老いたる歳をすっかり忘れて、八〇キロの巨体に突進です。タイミングが良かったのか悪かったのか、僕と木村君は一回転しました。

「バッカヤロウ」と木村君は校庭に向かって走り去ります。もちろん上履きのままですが、もしかしたら、今履いている靴こそ下履き用かも知れません。情けないことに僕は一週間ほど前に新調したメガネを吹き飛ばされていました。

メガネは無残にもフレームが曲がり、ひびの入ったレンズはフレームから飛び出しています。

「全く困ったもんだ。数日前に七万円で新調したメガネがもう使えない。どうしてくれるんだ」

⑦タックルの翌日

僕は自分の机の引き出しから古いメガネを出して、何とか体裁をつけて、翌日も二組の教壇に立ちました。僕にタックルされて共に廊下を転げ回った木村君は、なぜかえらく静かに自分の座席に座っていました。その木村君は上目遣いをして何かを訴えるのですが、僕の目と彼の目が出合うと、彼はふっと目を離します。シングル・ファザーのお父さんと、その日のことを夕食時にでも話したのでしょうか。全身を使って訴えた僕の行動を木村君なりに考えたのでしょうか。

給食です。カレーです。子どもたちが大好きなメニューの一つです。八人の給食当番は手を洗い、白衣に着替え、三角巾で頭を覆い準備します。なぜか、今日の身支度は早いのです。

「先生もお手伝いします。皆さん並びましょう」

よせばいいのに、教務主任は二組の教室に勝手に入ってきて、子どもたちに次々と指示を出すのです。何かズレがあります。感性が違うんですね。教育現場から離れた先生に多い現象です。

「皆さん、並んでください。百合ちゃん早く早く。健ちゃん席に座って、えっと……小林君、白衣を早く着ましょうね」

よくもまあ、次々と口が動くこと。子どもたちにとってもう一人、うざい先生が勝手に教室に入ってきたとしか見えないのです。邪魔なんです。あなたは職員室で給食を食べていればよいのです。それが分からないのです。感性が恐ろしいほど鈍っています。自分の思いしか伝えられない先生です。江川小の教師集団には指示しかできない先生が多すぎるようです。指示は教育という営みとは違います。

今日の給食は、三十人分余りの熱いカレーが入った食缶と、牛乳・パン・食器を運びます。横から次々と指示される子どもたちにとって、これは実にうるさく、不注意を誘発するのです。子どもたちは所定の場所に集まりません。教務主任はたまりかねて、一人で給食室に行ってしまいました。何と、カレー缶を片手に、食器を片手に、給食室の前で叫んでいます。

「誰か来てぇ。運べませんよぉ……助けてぇ」

給食の準備では安全衛生上のルールを守るのは当然のことですが、六年生は五年間も指導を受けてきましたから、ルールについてあれこれと言う学年ではありません。つまり彼らに必要なことは彼らを尊重し「待つ」ことです。白衣に着替える、整列する、係の友だちが集まる――すべて「待つ」ことから始まります。教務主任は待ち切れず一人で給食室に行ってパニックを起こしました。子どもの指導をするとはどういうことなのか。彼の今までの経験が六年二組には伝わらないのです。

子どもが次の行動に移るまで「待つ」。この時、食缶も食器もパンも子どもたちは運びます。子どもたちは、皆で協力しなくてはおいしいカレーが食べられなくなるということを知っているからです。江川小の先生たちは「待つ」ことができません。「――しましょう」といった指示がどれほど多いことでしょうか。子どもたちは考える余裕すらない状態になっているのです。そしてストレスが一方的に溜まってしまいます。別の角度からみると同じような先生が集まって、互いに傷痕《しょうこん》をなめ合う（そういった仲間意識すら薄い）集団に変色していったのです。

⑧図工「瞬間コレクション」

結論を先に言います。二組の授業はつまらないのです。だから子どもたちは担任の指示を受け入れないのです。つけ加えると担任の話に子どもたちが興味や関心を示すものがなかったということです。教材を研究し、体験を豊かにし、読書をします。担任はこの三つを怠っていたのです。繰り返して言います。魅力のない先生、つまらない、分からない授業はバツです。

図工「瞬間コレクション」は四時間計画で学習します。本時は前半の二時間目です。「友だちと協力して撮影し、パソコン・プリンターで画像処理し、より良い瞬間をとる」学習です。

僕は指導計画を綿密に練り上げ、学習の進み具合（学習の流れ）を黒板に板書し、子どもたちには「何を学ぶのか」「どんな注意をしたら良いのか」「今、どこを学んでいるのか」を、子ども自身で確かめられるように、絵や文で示したのです。したがって、学習活動上の注意事項や指示は一つもありませんし、行いません。

僕は従来の発想を逆転したのです。「ルールを守って学習しよう」ではなく「面白い授業だから約束を作って学習しよう」です。こうして子どもたちの学習意欲まで刺激させました。子どもたちの自主性を徹底的に認めたのです。教師は、自主性を大切にと口を酸っぱくして言いますが、教師自身、子どもの頃から体験していないのだから、指導などできるはずがありません。僕はそう思うのですが。

子どもたちは夢中になって学習活動に参加しました。確かに、ルールが身についていない六年二組は実にうるさいです。僕はうるさい分をパワーとして受け止めたのです。三、四人が輪になって跳びはね、ひっくり返り「ガイジン」と木村君を中傷しケンカの素因を作っていた友だちは、互いに手を取り合ってカメラの前でポーズをとって撮影し、プリンターで印刷しています。図工室横の廊下・階段・音楽室横の廊下・階段まで子どもらの行動が広がります。僕の心臓はバクバクです。毎日、派手なケンカをしていた四人組は、なんと体重八〇キロの木村君がブリッジの中心となっています。教師失格と強烈な言葉で担任を攻撃した彼女は、カメラを使って瞬間を夢中で撮影していました。数日前に「どろぼうを見つけて」と恐ろしい言葉をはなった女の子はなんとかわいい笑顔なことか。

「驚きました。わずか数日で子どもたちの表情が明るく豊かに変わりました。ルールについても自分たちから作り守ろうとしていますね。ルールについて互いに話し合っているし、板書で確認しているグループや個人も見受けました」

家庭科専科の山田先生は目を輝かしながら僕に話しかけます。「まるで魔法にかかったみたい」とまで言います。そして僕にさらに質問をしてきました。

「子どもたちはどうしてこんなに変わるのですか」

「僕は子どもを変えようなんて思っていません。子どもを取り巻く環境を変えようとしただけです」

子どもの自主性を最大限認めたのです。子どもの行動を悪い、とレッテルを張るのか、子どもの言動をどこまでも受け止めるか、です。僕はそのことを「教師の社会的な力」と表現しています。「社会から学ぶ力」と言いかえてもよいでしょう。逆説的な表現を使えば、江川小学校の先生はその力が未熟でした。「子どもから学ぶ」という力がとても弱いのです。したがって教材研究がおろそかになり、授業がつまらなくなり、学級経営が崩壊するのです。その理由を先生たちはすぐに「忙しい」と言います。忙しいからクラスが荒れてもしょうがないなら、こんな気楽な商売はありません。家庭科専科の山田先生は、子どもたちが夢中になって学習活動をしている様子を見ながら納得しているようです。そして僕に鋭い指摘をします。

「わたしと図工担当の高田先生が授業中に会話できるんですね」
「そうですね。子どもが学ぶ面白さに気付いたら、先生は子どもの学びを観察していれば良いのです。具体的な評価もできますから、通りいっぺんの『あゆみ』は書かなくなります」

僕は徹底した教材研究をしました。社会科大嫌いという子どもが、どの学年のクラスにも九割いました。僕はその原因は担任にあると仮説をたて「面白い、わかる授業」を目指したところまったく逆の結果が生まれました。クラスのほとんどの子が「社会科大好き」と変容し、なかには子ども同士で調査したり、夏休みには家族旅行に出かけるというケースも生まれました。

僕は三年の「町探検」では、ヘリコプターを所有している地域住民の清水さんの協力で市内を二回にわたって空から見学し、その様子をビデオに収録・放映しました。子どもたちに感動してほしいという僕の願いが、ヘリコプター所有の地域住民の清水さんに通じたのです。

四年（現在は五年）の『各地の人々のくらし』では、北海道から沖縄まで現地調査をしました。車はワンボックスカーに代え、NHKで使うVTRカメラと同じタイプを八十万

授業の流れ	子どもの活動	教師の支援・評価
瞬間を再構成する (120分)	提案 2 撮ってきた瞬間コレクションを使って、もっと不思議な瞬間を作ってみよう。 [3] 写真の組み合わせを考え、切ったり、はったりして新たな作品を作る。 [4] テーマに合わせて新たな写真をとる、構成する。	・台紙・画用紙を準備しておく。 (発) 撮影した画像の中からテーマを設定して組み合わせたり、新たな写真を撮ったりする。 (創) 自分の選んだ表現方法のよさを効果的に生かしながら、写真のもつイメージをさらに広げて表現する。
瞬間を見合う (15分)	提案 3 みんなが新しく作った「瞬間コレクション」を見合ってどうやって撮影したか話してみよう [5] 自分たちやほかの班の作品を見合いながら、組み合わせ方のよさを感じる。 	(鑑) 自分の思いや友だちの作品に対するこだわりについて関心をもち、作品を味わう。

図工担当　6年・瞬間コレクション（鑑）4時間扱い

〈本単元について〉
・心を開き、材料や自分自身、友だちなどと関わり合う良さを知る活動である。
　本単元では、デジタルカメラで「びっくり」「不思議」「すてき」などのキーワードなどを元に発見した「瞬間」を撮影する活動を通して、身近なものを新しい見方で見つめ直す内容である。つまり自然物や人工物がもつ造形や動きのおもしろさを発見するところから出発し様々な撮影作品を切り張りなどして「瞬間コレクション」を完成する学習内容である。

〈授業計画〉
・身近なものを、自分の新しい見方で撮影し、いろいろな「瞬間」を集める。　45分
・友だちと協力するからこそ実現する新しい見方で撮影し、自分たちの「瞬間」を作る。　120分
・写真を組み合わせて作った作品をもとに話し合い、発表し合う。　15分

授業の流れ	子どもの活動	教師の支援・評価
学習の目あてを確認し「瞬間」を集める (45分)	提案 1 みんなの身近にある「びっくり」「不思議」「すてき」などいろいろな「瞬間」を撮りに行こう。 1 身近な生活の中の面白さを撮影したり友だちと協力して作り出す「瞬間」を撮影する。 2「瞬間」コレクション（写真）を画像に表わしてみよう。 パソコン・プリンターで画像を印刷する。	・場所を教室に限定して活動させたい。 ・友だちと協力して作り出す「瞬間」を教科書やネットから確かめ活動内容を確認させる。 ㊎ 自ら面白い見え方を楽しんだり作り出すことができる。

円で購入し、編集用パソコンを百二十万円で手に入れました。僕の嫁さんには本当に大変な協力をお願いしました。感謝としかいいようがありません。旅費はすべて自費です。いったい費用はどれだけ使ったことか。

余談ですが、家族旅行と称して、北海道まで取材に同行した僕の子ども二人は、今は小学校教員として自分の人生を切り開いています。父親としてこんなにうれしいことはありません。当時の僕の姿をどこかで見ていたのでしょうか。

『寒い地方の人々のくらし』では、北海道の根室・名寄・別海町、そして新潟県十日町の夏と冬を体験しました。マイナス二〇度の寒いことも体験しました。『あたたかい地方のくらし』では沖縄県に飛行機で行きました。ガマの中まで入って、プチ戦中体験をしました。ＶＴＲカメラで撮影、放映すると子どもたちのシーンとした姿が印象的でした。『高い土地・低い土地のくらし』では、群馬県妻恋村・千葉県佐原市を調査。そこから地理・歴史・文化などにも発展し、調べました。青森県三内丸山遺跡・静岡県登呂遺跡・千葉県香取市佐原の伊能忠敬旧宅・横浜・神奈川を調査しました。明治の偉人が虫歯治療した病院跡まで発見しました。

この調査を通して学んだことは百聞は一見に如《し》かず、です。そして調べること・学ぶとの面白さについて僕の認識は大きく変わりました。知識だけならネットや各種の資料から手に入りますが、その街に住む人々の思いや願い、歴史などは現地に行くことによってより深く理解できます。つまり物事を多面的にとらえ考えることの大切さを学んだのです。僕は学校経営計画を丹念に読むようになり、行間ににじむ教師集団の熱い思いや願いを受け止めるようになりました。

僕にとっての「教師の社会的な力」つまり「子どもから学ぶ」とは、他者の力をどれだけ学び生かし、自分の力とするかなのです。その時、荒れたクラスなんて存在しないのです。二組の担任にその姿勢と努力がとても不足していたのではありませんか。経験を武器にすることは良いことですが、それだけでは必ずズレが生じます。子どもの気持ちをつかめたつもりで学校経営や授業を進めることになり、現状のような厳しい場面になります。

「そういえば木村くん、ブリッジから馬になっています」

自分の役割を自他共に認め合い、互いに学習しているんですね。教師が互いに認め……なんて言わなくても子ども同士は互いの良さを知り尽くしているのです。指導者は子ども同士が力を発揮し、認め合う環境を作ればよいのです。

数日後、僕は江川小学校の教員の前で『六十五年の僕と教育』と題して、教育について語る機会をいただきました。とにかく、僕の話を聞こうとすることは、江川小教職員が一歩、二歩と前進している証でうれしい限りです。
そこで語ったこととは次のようなことです。

僕は学習指導要領の「主体的な学び」を素直に自ら進んで学ぶ姿ととらえていますが、この視点は何年も前から、表現こそ違うものの言われ続けています、ラディカルなテーマです。キーワードは、教師がどう受け止め、実践化するか、ですね。僕は授業の導入で、子どもたちの知的関心を引き出し、調べたり、知りたいという欲求に刺激を与え、学ばなくては満足できない、そういう場面を設定することが「主体的な学び」につながると解釈しました。その前提は、教師が知的関心を持ち「面白そうだな」「調べてみよう」「わかった」という体験を味わうことだ、と悟ったのです。教師にはこの体験が不十分なのです。

先生たちの反応を伺いながら、話を加えていきました。
僕の率直なリアルな、子どもの事実から語る話には先生方も聞く耳を持ちます。
僕は五年『各地の人々のくらし』の学習にあたって大変に悩みました。『寒い地方

▲北海道をめざして……40代のころ

の人々のくらし』では、横浜の子どもたちにとってマイナス二〇度は経験がないからです。予備的体験も知識も乏しくて学習意欲（モチベーション）が高まるわけがありません。先生方はそうした子どもの背景を無視して学習を進めるから、社会科嫌いが生まれるのです。僕自身は北海道根室地方を夏休みを利用して車で調査したのですが、夏なのにストーブを焚いている番屋や民家に出合いました。「この写真から気候の学習に入ったらどうだろうか」と思いついたのです。夏なのにストーブで暖まるおじいさん・おばあさんの姿。僕も予想外だったのでその様子に出合った時は驚きました。子どもたちの常識「夏にストーブを使うはずないじゃんか」を見事に覆し、「夏なのに何度なのだろうか」と根室地方の気候に知的関心をひき出して、夏には濃霧におおわれて一〇度前後という様子に気付くのです。こんな学習の道筋を思い浮かべたのですが、それは驚くことではあっても学習指導要領の「深い学び合い」に通じるか、疑問が浮かびました。子どもたちは温度のグラフから気候の様子を読みとる力が不十分だったからです。

この導入の設定では、子どもたちが自分の常識を否定され混乱する中で、学習意欲が刺激され、調べないわけにはいかないところまで追いつめることを想定していますが、考え込みました。

皆がひとつになって調べようとしなければ「主体的で深い」学びにつながらないという危惧を抱いたからです。

そこで、身近にある赤いポストに着目しました。赤いポスト以外の色でポストがあることを説明すると、子どもたちは自分たちの常識を否定されますから、「どんな色か」「どこにあるか」「なぜそこにあるのか」と学習意欲をかき立てる、と仮説をたてたのです。

T　ポストの色は何色ですか。

C　赤です。

T　赤しかありませんか。

C　学校横も、コンビニも、みんな赤です。

T　実は赤以外のポストが身近な所にあります。
（子どもたちは、自分の常識を否定され騒然とします）
（担任は上野動物園出入口のパンダの写真を提示して）
C　パンダのポストは白黒だ。
T　サッカーの好きな人に質問です。川崎フロンターレのチームカラーは何色か。
C　青と黒です。
T　川崎市役所や武蔵小杉駅にあるポストの色は？
（市役所近くと武蔵小杉駅のポストを写真提示して）
C　フロンターレと関係している所だからポストは青と黒だ。
T　では根室駅前のポストの色は何色ですか。わけも考えましょう。

子どもたちは常識を覆されあわてるでしょう。これまで郵便ポストは「絶対に赤色」でしたから、ここで子ども同士の話し合いが生まれてきます。ルールを担任が勝手に作るから子どもたちは破りたくなるのです。投網でバッサリでも逃げる魚（子ども）はいます。子どもが共に学ぼうとすればルールは自然と生まれ守ります。

市教委のいう「深い学び合い」に入ります。キーワードは「夏の霧」です。一、二メートル先しか見えない所で野球をしている写真を提示します。郵便配達の係員が霧や雪の中でもポストが容易に見えるよう黄色いポストにしていることに気付きます。根室地方がポストを通してぐんと身近に感じることでしょう。気候から人々のくらしぶりや水産業へと広がり学習課題を明らかにして「主体的な学び合い」に発展していくでしょう。ただし「主体的な、深い学び合い」も学び合うクラス経営が築かれていなくてはいけません。担任が一方的にしゃべりまくった授業を積み重ねたクラスではこのテーマはそぐわないでしょう。子ども主体の学級経営が望まれます。

クラスが不安定で子どもたちが知的関心を持たない時、僕の必殺技は、食べるシーンを準備します。『寒い地方の人々のくらし』では、カニラーメンを食べている少年（実はわが子です）が、画面に大写しで登場します。教室中は大笑い。そのうちに子どもたちからラーメンの話題や北海道家族旅行の体験談が出てくるかも知れません。とにかく導入こそ勝負です。その前提は指示待ちクラスを作らないこと。♪だぁれが生徒で先生か♪――この歌を思い出しましょう。楽しいですね、こんな学校って。

僕の稚拙な実践を先生たちは笑顔で受け入れています。先生たちって本音ではいろいろな支援と協力を望んでいるのです。有名人の話は観念的で五分もすれば居眠りが始まり、委員会の話はすでに現場から離れた（委員会の先生たちもろくな教育実践をしてこなかったのかも）同じ穴のムジナの叫び声としてとらえているのです。

職員会議での僕の話があって数日後、学校近くの川でザリガニを捕っている若手の先生に会いました。

「教材にザリガニを使います」

先生が一人立ち上がりました。まず授業を先生が楽しむことです。そして話し合いましょう。

(3) 学校から地域へ、地域から学校へ

不登校・学力不振・荒廃した学校とクラスなど、教育の課題の解決策として必ず語られるのが「地域」です。加えて「社会全体で育む」という視点です。では「地域」とは何でしょう。

文科省『子供たちの未来をはぐくむ家庭教育支援』によると、「少子高齢化や地域のつながりの減少による地域の教育力の低下や、発達障害や貧困といった福祉的な課題の増加など、学校が抱える課題が複雑化・多様化する中、学校だけでなく、社会全体で子供

▲ラジオ体操で集まった子どもたち

の育ちを支えていくことが求められます」とあります。

なるほど、なるほど、役人は頭が良い。上手に僕らに押しつけてきます。でも上からぎゅうぎゅう押し込んで社会教育士なんて肩書きまで設けて権威付け、「社会全体で育む」と願っても「学校」や「地域」から「皆で育てよう」という気運が生まれなくてはなりません。ですから教育現場に陳腐なできごとが生まれます。

A小学校の学校長は、冬なのに校長室の出入り口を開けっ放しです。職員がドアを閉じようとしたら学校長曰く「開かれた学校の実践です」ときわめてまじめに説明した、そんな笑い話が横浜市内に広がりました。僕も大笑いです。なんという校長でしょうか。その認識ぶりにビックリします。今や「開かれた学校」は〝防犯対策〟で「閉じられた学校」に変身しました。PTA役員の選出は町内会役員選出同様の大騒ぎとなり、教職員室にＰＴＡ会長が勝手に入り込み、先生たちの出欠席をとっているとか……「学校と地域」の関係一つひとつを見ると、相当おかしな方向に行っています。

原因の一つは「地域と学校」殊に「地域」について、教師一人ひとりが、どう受け止め、子どもの理解や指導に役立てて日常の授業に向き合っているかを検証しているかということです。より具体的な事例を学年研などで話し合いましょう。

僕は「学校から地域へ、地域から学校へ」を、学校の再活性化という観点から関わってきました。子どもの学力不振や不登校を取り上げても学校の教師の力だけでは不十分な結果しか生まれません。「地域の力」がどうしても必要です。その力とは、具体的に挙げると、地域から生まれた〝かけはし〟でしょう。〝はまっ子、キッズ〟とは異なり、不登校児など幅広く受け止め、柔軟に対応し子どもの自主性を大切にする中で、学習支援に取り組み、サポートもしています。こうした動きを地域から広げ、学校とつながると、学校も町もいっそうの発展が望まれると考えられます。

二〇〇四年（平成十六年）一月横浜市社会教育コーナー主催の「まちの教育力セミナー」に参加しました。「子どもに学び遊びの機会を提供するシステムづくり、ネットワークづくり、子ども支援のマインドをともに話し合い共有化して学びます」をテーマに、別所小卓球塾、片倉うさぎ山公園あそび場、二つ橋小土曜塾などの事例が報告されました。取り組みは面白いのですが、いずれも方向性が不明確なように見られます。

この会合は運営も含めてよく練った内容のあるものでした。僕が特に関心を持ったのは「土曜塾」です。川崎では学校区すべてに「補習塾」を設けていますが、横浜市は「はまっ子」で子どもを預かるだけで、川崎の「補習塾」とは方向性が異なります。つまり「はまっ子」のシステムが保護者市民のニーズに応えているか、疑問なのです。「はまっ子」を経済的事情からしか話し合われていないのではありませんか。

僕はこれらの大きな力こそ地域の力であり、方向性を「魅力ある学校づくり」に向けると各グループも学校もより活性化するのではと考えるようになりました。残念ながらこの考えについては僕の知る限り反応が鈍いのが現状です。教育の現状を嘆いているだけでなく、今はそのひとつを目に見える形で創り上げることです。

まず行政側がこれらの地域の力を学校改革の方向にまとめていくよう、作文を上手に書いてほしいものです。その時、人もお金ももっと使いどころが見つかるでしょう。少なくとも開かれた学校が閉じられ、孤立した学校になっては困ります。ＰＴＡ役員のドタバタ選挙が繰り返されたり町内会長が職員室で教職員の動向を監視するなんてことは

（そういう噂と嘆きが聞こえてきます）明らかに誤った方向に進んでいます。（教師が「地域」や「地域住民」に独特の反応を示すわけの一つはそこにあります）

教員一人ひとりが（もちろん行政の責任が大きいのですが）、「学校から地域へ、地域から学校へ」がなぜ大切なのか、を子どもの殊に課題をかかえ必死に生きている子を通して考えてほしいものです。

「子どものため」なんて言わなくてもよい。教師にとって当然の思いであり、願いなのですから。でも具体的な行動に移している先生は少ない？　実践的な体験を通して、語る先生が少なくなり口の滑らかな観念的な先生が多過ぎます。

僕が住む町に連合町内会が取り組んだ〝安全・安心・快適なまちづくり〟という一枚の案内が届きました。様々な団体が関わり、町づくりに取り組んでいます。僕がおやっと思ったのは、その活動に子ども中心の活動がないということでした。おそらく各町内会・自治会を〝じじババ〟連合で役員を独占されているから、子どもが抜きになっているのでしょう。

町づくり最大の課題は町内会があっても子供会すらないということです。危機的運営です。赤ちゃんや幼児や高齢者だけが注目され、小中高生は放りっぱなしです。これで

行政との協働

居場所をはじめてから２年半は、居場所の中で子どもたちの表情がどんどん変わっていき、自分のことを話してくれたり、いろいろなことに挑戦したりする姿に、日々喜びを感じていました。しかし、居場所づくりを運営していくことの苦悩と苦労もまた大変な毎日でした。だからこそ悩んでいる暇もつくらないように動き続けました。その中で、子どもたちとの出会い、支援して下さる人との出会いは、毎日が奇跡のように感じる日々でした。

そして２年半が経った２０２３年１０月、横浜市の教育支援センターである「ハートフル西部」の委託を受けることになりました。不登校のこどもたちを支援するためには、民間の力だけではどうにもなりません。「誰一人取り残さない社会」を本気で作っていくために、行政との連携は必要不可欠だと考えており、今回はその第一歩となりました。学校との連携も大切にし、現在は３９校に年３回の学校訪問をして、居場所での子どもたちの様子を伝えながら先生たちとの対話を続けています。これからも子どもたちが自分を好きになり、自分らしさを大切に、社会に羽ばたいていけるように、「かけはし」となり続けていく決意です。そして誰もが幸せに生きることができる社会への「かけはし」になれるよう、微力ながら全力で自分たちにできることを地道に行っていきます。

働きづらさのある若者が安心して働ける場「かけカフェ」

かけはしでは、学校に行きたくても行けないこどもたちが、安心して、自分らしく過ごせる場をつくりたいという思いで、曜日ごとに公共施設をお借りして居場所づくりを行ってきました。そんなとき、拠点になれば、と１軒の空き家を紹介していただきました。家主さんからは、「この家は、昔、こどもの友達がたくさん遊びにきて　いつもにぎわっていたんです。」「自由に改装してもらっていい。地域のためになるならうれしい。」とのお話を受け、お借りしました。地域で活動するためには、まず地域の方との信頼関係を築くことが必要でした。そんなとき、親の会ハピネスの方が、声をかけてくださいました。「不登校を経験した若者が、アルバイトや就職をすることに不安を抱えている現状がある。ゆるやかに社会とつながる場として、カフェを開きたいと思っていたんです。」不登校を経験した若者にとっても、地域の方やこどもたちにとっても、プラスになる活動にするにはどうしたらよいか考えました。２０２１年、夏。実行委員が集い、意見を出し合いました。わたしたちが出した答えは、「こどもから大人までがゆるやかにつながり、あたたかなかかわりが生まれる地域カフェ」です。地域のこどもから大人までが、安心して気軽に集える場をつくること。働くことに不安を抱えている若者が、アルバイトとして働き、ゆるやかに社会とのつながりを築く場をつくること。地域の方と講座を開いたり、イベントを企画したりして、防災のことや困りごとを解決したり、生活をより豊かにしたりできる場をつくること。そんな思いを叶えるために「かけカフェ」がスタートしました。

若者の社会的自立

総勢１００名を超えるボランティアさんや地域の方々、地元企業の方々のお力添えをいただき、コミュニティカフェを開設することができました。週４回、１１時～１５時半まで、コミュニティカフェを開店しました。

不登校を経験している若者に呼びかけ、就労体験ができるようしました。８名の若者が手を挙げ、コミュニティカフェ「かけカフェ」での就労体験がスタートしました。８名は、それぞれ何らかの生きづらさや働きづらさを抱えており、働くことに対して不安が強かったり、人とのコミュニケーションに困難さを抱えたりしている様子がうかがい知れました。

一般社団法人 かけはし
代表理事 広瀬 貴樹

「生きづらさを抱える子どもにとことん寄り添いたい」

私は１４年間勤めた２０２１年3月３１日に横浜市小学校教員を退職し、同じく妻も１７年間勤めた小学校教員を退職し、二人で２０２１年4月7日、横浜市泉区で居場所づくりを始めました。

「なぜ教員を辞めるのか」「夫婦で辞めて生活はできるのか」など、たくさんの方々に疑問や不安の念、そして辞める事への反対の意見を伝えていただきました。その度に葛藤することはあっても、自分の覚悟が揺れることはありませんでした。

私が１４年間の教員人生の中で生まれた、自分の人生における一つの答えでした。教員として子どもたちと向き合う中で、教室の中で繰り広げられる日々は、毎日がドラマのようで、言葉にならない喜びと共に、一筋縄ではいかない学級経営（クラスづくり）や一人ひとりの悩みや葛藤に寄り添うことの難しさを痛感する日々、一生懸命にこどもたちと向き合いながら全力疾走する毎日でした。

そんな日々で、私の中には年々、様々な葛藤が生まれてきました。クラスの中には毎年気になる子がいて、その子一人ひとりには背景がありました。発達障害、家庭での出来事、経済的な困難さ、学習や人間関係での困難さなど、一人ひとりと真剣に向き合う中で見えてきた一人ひとりの「生きづらさ」には、本当にはかり知れない“苦しさ”がありました。

私は必死で、その生きづらさに寄り添いたいと思って子どもたちと向き合ってきましたが、学校の中だけでどうにかなることではないことは明白でした。自分の小ささ、未熟さ、不甲斐なさを痛感すると同時に、一人ひとりに向き合えないほどの膨大な業務にも追われている毎日の中で、「自分はいったい何をしたいのか、なぜ教師になったのか」と自問自答を繰り返していました。

不登校の子どもと社会とのかけはし～居場所作り

その子の中でどうにもできない現実がある。その子のせいで、様々な生きづらさを抱えているわけでない。そして社会全体が、今のこどもたちの生きづらさをつくっている。

私は、教員という学校の枠を超えて、子どもたち一人ひとりの生きづらさにとことん寄り添うことができる生涯の仕事として、「居場所づくり」をやると決めました。

自分の小ささを痛感している私が「かけはし」という団体をつくったことは、必然だったように思います。自分一人でできることは限界がある。だからこそ、様々な人、地域、団体、機関、行政と繋がり、連携しながらこどもたち一人ひとりを支えていきたいと思ったからです。

土になりたい

こうして始まったかけはしの居場所に一人の中学生が来てくれました。公共施設（ケアプラザ・コミュニティハウス）の一室をお借りして、たった一人の子どもと私たち夫婦で始まった居場所づくりですが、２年半が経った今では、様々な事情で学校に行きづらい７０人ほどの小中学生の登録があります。

私たちが居場所づくりにおいて大事にした理念は、「土になりたい」でした。一人ひとりにはその子らしさ、素晴らしい個性と可能性をもっている。だからこそ私たちは、その一人ひとりの個性や可能性を信じぬき、その子らしく伸びていくことを支える土（環境）になりたいと思ったのです。私たちは居場所の中で、こどもたちを無理矢理ひっぱったり、押したりすることはありません。その子のペースで、その子の“思いをなによりも尊重して、その子を”土“となって支える居場所になりたいと思っています。そして一人ひとりの悩みや葛藤にとことん寄り添いたいと思っています。

は町づくりの根元が狂ってしまいます。僕は学習塾を立ち上げ十八年間経営しました。中学二年の数学で学年トップ、別の年で2・3・6番をとりました。結果的に学校への支援策にもなるでしょう。「かけはし」(168~169ページ参照)はすばらしい取り組みです。

①市民図書室を作ろう、そして学校図書室の充実へ

校内の最大の弱点は二つ。一九六五年(昭和四十年)頃の校内事情で最も困っているのが学校図書室と理科室の整備です。何百　冊もある本を図書部二人で整理なんてできません。出入りの図書業者がサービスで蔵書の管理をしてくれましたが、室内は本が山積みなのは変わりません。僕はある夏、一週間をかけて本の整理をしましたが、クーラーのない三〇度を越える図書室での作業に限界を超えてしまいました。

市民図書室を設けようという話が副校長から図書主任の僕に伝えられました。転任早々の副校長では発言力も弱く協力しようという声を挙げませんから、図書主任の僕に協力要請が来るのは自然の流れでしょう。

余談ですが、こういう時に協力してくれる職員・保護者を育てることこそ管理職の役割でしょう。教員はそうした発想すらできないマネージメントが身につかない集団です。管理職は職員全員が協力しないものですから、自分が市教委から減点の評価をもらうの

ではと、落ち着きません。まったくなさけない管理職が現実にいるものです。教師集団も「余分な仕事だ」といった反応です。勉強しないで経験主義に頼る教師・教師集団は時の流れに遅れます。

僕は市民図書の中心メンバーに責任感のある、リーダーシップをとる五人を考えました。その頃、僕は保護者と信頼関係を育てるために『学級だより』を一〇〇号まで発行したり夏季特別水泳教室やおやじの会を作りコミュニケーションを育てていましたから、五人のメンバーは容易に見つかりました。五人のリーダーには市民図書の役割が〝学校づくり〟であることを説明しました。TさんやHさんたちはさらに協力者を集めました。そのパワーを借りて学校図書を子どもたちが利用できるまでに整理しました。その間、わずか二か月でした。

発想を変えること、明確に位置付けること、努力が形になって表れること——これが学校外との活動を進める上でのポイントです。教師・教師集団にはこうしたマネージメントを考え行動に移す力が育っていません。ただ腕を組んでブツブツ、あるいは体良く逃げます。忙しくて無理——では暇になったら取り組みますか?

TさんやHさんたちが育てた市民図書は貸出量が市内で七、八番目でした。地域住民が読書を望んでいたものです。地味な取り組みですが、よくぞここまで力を合わせ形として現したものです。

課題は、学校長や教師集団が、市民図書の活動を学校経営や日々の授業にどう位置付け学校改革に積み重ねていくか、でしょう。くり返し言います。残念なことですが、管理職も先生もこの発想ができません。縦割り行政も課題です。教員採用では民間企業出身者を採用することでしょう。彼らは発想力とパワーがあります。

②分教場の記念碑を建てる

幹線道路である環状4号線は戸塚区原宿町から緑区長津田町までの区間で重点的に事業を展開し、二〇〇〇年（平成十二年）十二月に瀬谷と泉の区境までの区間が完成し、二〇〇六年（平成十八年）三月には泉区下飯田町から戸塚区深谷町の約二・一キロの区間が開通しました。

泉区下飯田町の赤坂橋は大きな交差点に変貌し、和泉川の川辺にあった中和田南小学校分教場の跡地はきれいに整地されてしまいました。赤坂橋付近に鎌倉時代から住む清水美宏さんや赤坂橋周辺の土地所有者の鈴木市郎さんは「学校のためなら創立一〇〇年の分教場跡地を残したい」に応えて、ひと声で土地も看板も提供してくれました。泉区歴史の会が文献調査して案内文も準備しました。総額百二十万円は当時の道路公団が協力してくれました。

欲を言えば総合の学習で扱うとより教育的でしたが、教師一人ひとりの街への関心の低さがネックで、僕が予期した通り、総合の学習で扱われませんでした。総合の学習は最も面白い学習でしたが、教師の力量を考えると分教場の記念碑づくりを総合の学習で取り上げるには負担が大きすぎたようでした。

③変形5差路は違法です

環状4号線下和泉交差点は変形5差路で、道路構造令⑤の②の①第二七条「同一平面で5以上交差させてはいけない」を根拠に地域に住む僕らは変形5差路が非常に危険と主張しました。話し合いの結果、一本の道路を遮断させせました。

インターネットも不十分な頃でした。環状4号線交差点説明会終了後、町内会館を後にしたY・M・T・Y・Sの各氏が僕の声に応じてわが家に集まりました。その場で交差点を考える会を結成しました。「おかしいよね」という声で集まり、次回には『道路構造令の解説と運用』(日本道路協会編刊)という三千円もする本を購入して読み、下和泉交差点がダークな交差点であることを確認し、約三週間で八百余の署名を集め嘆願書を準備しました。八人の住民が中心となって道路を一本遮断し、より安全な街づくりに取り組んだことは、記憶に残るとてもすばらしいできごとと自画自賛しています。

個人の都合を考えず、ひたすら公の利益（子どもの安全）を追い求める時、人は立ち上がります。子育てや子どものことは、教室ばかりではありません。地域住民も関わらねばならないのです。

④いらっしゃい、鍼灸師の遠田野さん

僕は、一九九八年（平成十年）十一月四日、横浜市人権教育研究会主催による全市公開授業を行いました。結論から述べます。授業もその後の話し合いも実に充実したすばらしい時間でした。印象的だったのは、子どもも授業者も、その授業を共に学んだ出席者の先生方も心を開いて本音で語ったということです。他の教科では様々に気を遣い（余分なことを言って次年度の授業者に指名されたらかなわん。先輩に何を言われるやら。出世に響くぞ）、ほどほどに発言しますから、授業後は出席者が減ります。自由に発言できないからつまらない反省会になります。

この研究会は熱気もありました。先生たちから次々と発言がありました。共同授業者で中途失明者の鍼灸師《しんきゅうし》・遠田野ひろしさんは『時の空　めぐる風―視覚障害者の目に見えてき

▲公開授業「いらっしゃい、鍼灸師の遠田野さん（壇上右）」

た風景—』（樹芸書房）を出版し「この世の中で誰の世話になることもなく、何の助けも受けることもなく生きている人間なんて、一人も存在しない」と訴えています。

授業後、ある子が共同授業者の遠田野さんにこう質問をしました「視覚障害者になって良かったことはありましたか」と。

この鋭い質問に遠田野さんは「良かったことがあったか、なかったかどう思う」と切り返したところ「あったと思う」子は数人で、ほとんどは考え込んだのです。子どもたちは、失明という重い事実をどうとらえたら良いのかを考えたのでしょう。授業者の彼は、「目が見えなくて良かったことなんて、ありませんよ。困ることばかりですからね」と正直に答えつつ、「今では、見えていたようでよく見てこなかったことが、見えるようになりました」。「心の目ですね」と子どもがつぶやきました。

担任がこうした心の目を育み、学級経営を重ね、日常の授業に取り組む時、いじめや偏見・差別などは生じない、僕はそう確信したのです。

僕の教員人生の中で、これほど心を打つ授業を組み立て実践したことは他にありません。

遠田野さんには「感謝」のひと言に尽きます。

⑤十八年間の学習塾経営と学習指導から見えてきたこと

小学校教員時代のある日、小学校を卒業して二、三か月目の卒業生が（全員、僕が教えた子ではありません）わが家に押し寄せ「中学校の授業はムズイ」「先生、こわい」と言います。わが家で勝手にカレーを注文し（全員女の子）、大皿に入ったカレーをバクバク食って、中学校を〝評価〟するのです。それは鋭い内容の評価です。

a授業がむずかしい。分からない、つまらない。

b欠席したらいっそう分からなくなる。

c先輩にやたらと気を遣う。

d学習塾でも勉強しない内容が、「思考力」のテストとして出題される。学校でも学習しない内容。

ｅテストの平均点を聞いても言わない。

先生は生徒の声を聞くそぶりをするだけです。その中学校では、数年前まで数学では成績一覧表が配布されていたようですが、僕と一部の保護者の人権侵害の猛攻撃で何も反論できず、学校長は出張を口実に逃げ回るだけ。とうとうこの一覧表の配布は次回のテストから中止になりました。現在も配布はされていないようですが、授業は旧態依然です。僕が中学生だった頃の授業と同じです。六十年もの間、授業の改善はされていないということです。保護者も情けない。成績一覧表なんぞバラ撒《ま》かれて誰が「やる気を起こす」のでしょうか。何も言わないのが、わが町の保守的な「まぁ、いいか」というあやしげな体質と風潮と同じです。教師もいつの間にかこれに乗ってしまいます。小中学校でいじめ、暴力が度々起こるほど、どこかが緩んでいるし、不登校も相当な数のようですが、地域や十八年間学習塾を経営してきた経験からみると何も対策を打っていないと見えました。親の動きも見えません。ＰＴＡ活動はなぜ動かないのか。学校を支え批判することが基本なのに。

塾の学習では徹底して「わかる」という指導を重ねました。詳しくは言えませんが、毎年学期末テストで五〇点アップしました。数学では、学年トップを2人、2・3・5・6番というすばらしい点をとった中学生がいます。課題は読解力でした。中学校（小学校）では読解力向上のための授業の改善がまったく見られないことから、指導者には読解力に関心がないようです。指導者は読解力の指導について問うと「やってます」「話し合ってます」で子どもと同じ発想です。具体的な形（あるいは成果）となって表われなければ、やったことにはなりません。塾では点数がアップしなければもうけに響きますから必死です。では先生は？　気楽でいいですね。追及されたら「出張中です」とどこかに隠れればいいですから。僕の知っている限りで言えば、中学校の授業がひどい。ほとんど研修していません。部活中心の学校に変容したようです。

ノート提出が評価の一つですが、その良い例すら示しません。でもＡＢＣの評価はつけます。思考力も課題です。特に成績が中以下は点がほとんど取れません。でも指導上の工夫は見当たりません。つまり「俺の授業は完璧」と言うのです。とんでもありません。

⑥夏休みの水泳指導から学んだこと

夏休みの水泳指導（午前・午後）では、学習指導要領のねらいは六年生が二五メートルを泳げる指導方法を考えてみました。

学校教育から「水泳」が削減されそうですが、水泳学習ほど教育的な学習はありません。初めに断っておきますが、僕は子ども時代から潜る・浮かぶが中途半端で泳げません。（教員に着任する前年の夏、四十日かけてドル平泳法をマスターしてやっと完璧に泳げるようになりました。三十二歳の時です）上手でなくても泳げれば小学校教諭として合格——そんなレベルの僕が同一校で八年にわたって記録した通信『とびうお』があります。したがって女性の体育主任は「体育は不得手」「おばさんだから」というのは務まらない。口実は怠慢です。「子育て中だから」とわけの分からない理由をつけて体育主任を拒否する〝教育養成大学出身者〟の先生とも出会い驚くばかりでした。この教員養成大学って入学金と授業料合わせて年間三十万円余り（僕は私学でしたから二百万円も）税金を無駄にしないように、国に助けてもらったのだから、生涯忘れずに子どもたちにお返ししませんか。

さて様々な事情から体育の中の水泳学習が削減されるようです。僕は大反対します。水泳学習は極めて教育的だからです。通信『とびうお』2・3・5号ではドル平泳法で二五、五〇、一〇〇メートル泳げるようになった喜びが書かれています。ことに7号では障害を乗り越えて二五メートル泳いだM子さんと、第2、第3のM子さん目指して努力する仲間に温かい拍子を送るプールサイドの子たちが次々と現われました。これほどの教育的効果はないでしょう。体育は「できる喜び」「仲間の支え、協力」を味わえる教科として最適です。

野球・サッカーなどでは国体経験者を招聘し、教員の負担を減らそうとしていますが、この対応は誤りです。部活をオリンピックの下請けにしているから、教員は忙しくなるのです。「教育とは何か」という本質的なねらいからズレた課外指導をするから教師負担論が浮上するのです。

六年生で二五メートル泳げない子は、横浜市体育研究会の調査によると、約二割います。本校でも二割近い六年生が泳げません。中学年では約三〇%が二五メートルを泳げません。教師サイドで「約二〇%が泳げない」という事実をしっかりと受け止めましょう。泳げないからスイミングクラブに行って、ではないのです。泳げるように指導をするのが僕らの仕事なのです。

泳げないのはなぜか、どうしたら学習指導要領の「六年で二五メートルを泳げる」に迫れるのかを先生は事実を見つめ考えてほしいのです。あるいは発想を変えて別の泳ぎ方を考えようとすることです。世間の言葉を使うと体育だけではありませんが「先生は頭が固いなぁ」なのです。

▲泳げれば笑顔がいっぱいになる

僕は新日本体育連盟の「ドル平泳法」に出合いました。僕自身が泳げなかったという体験からブレス（息つぎ）がキーワードだと気付き、ボビングを完璧にできるまで繰り返し、次に脱力が大切と気付いたのです。その指導の結果、K校八年間で約六百八十人が二五メートル以上泳げるようになりました。

発想を代えること（変えるのではない。もっと容易に代えるで良い）、これなら誰でもできます。通信『とびうお』はその生々しい記録です。僕の周りの教師たちは疎すぎます。「子どもが好き」「子どものため」と心情面でしか子どもを支えられないとしたら、明らかに教師失格です。授業だけでなく生活指導上も、発想を代え、多面的に見なくてはいけません。通信『とびうお』を八年間、毎年一〇

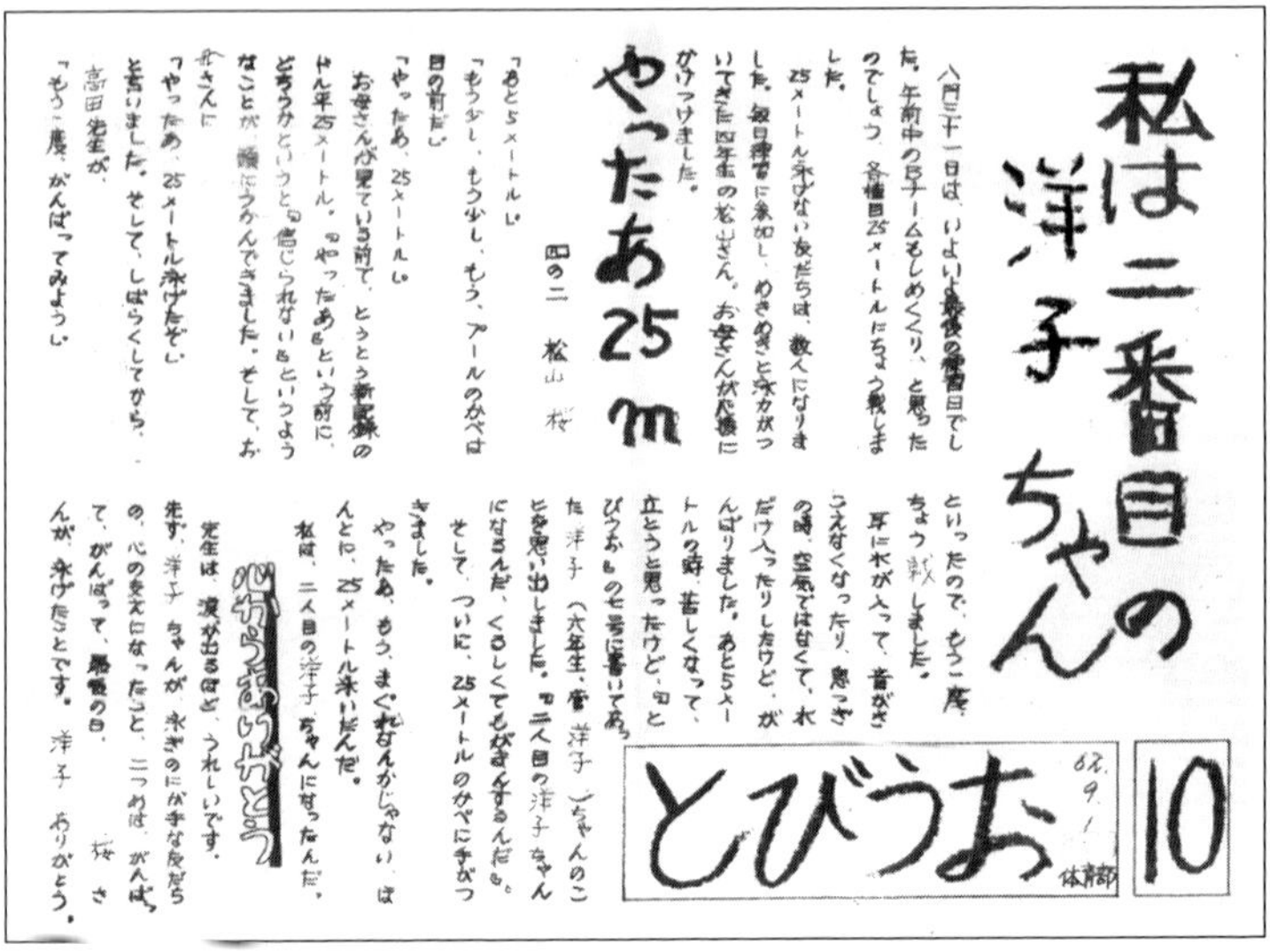
とびうお　10　62.9.1　体育部

私は二番目の洋子ちゃん

八月三十一日は、いよいよ最後の練習日でした。午前中の四チームもしめくくり、と思ったのでしょう、各種目25メートルにちょう戦しました。

25メートル泳げない友だちは、数人になりました。毎日練習に参加し、めきめきと泳力がついてきた四年生の松山さん。お母さんが応援にかけつけました。

やったあ25m　四の二　松山桜

「あと5メートル」

「もう少し、もう少し、もう、プールのかべは目の前だ」

「やったあ、25メートル」

お母さんが見ている前で、とうとう新記録のやん平25メートル。『やったあ』という前に、どうかということ『信じられない』というようなことが頭にうかんできました。そして、お母さんに

「やったあ、25メートル泳げたぞ」

と言いました。そして、しばらくしてから、高田先生が、

「もう一度、がんばってみよう」

といったので、もう一度ちょう戦しました。

耳に水が入って、音がきこえなくなったり、息つぎの時、空気ではなくて、水だけ入ったりしたけど、がんばりました。あと5メートルの時、苦しくなって、立とうと思ったけど、『とびうお』の七号に書いてあった洋子（六年生・斎藤洋子）ちゃんのことを思い出しました。『二人目の洋子ちゃんになるんだ、くるしくてもがまんするんだ』。そして、ついに、25メートルのかべに手がつきました。

やったあ、もう、まぐれなんかじゃない、ほんとに、25メートル泳いだんだ。

私は、二人目の洋子ちゃんになったんだ。

心からありがとう

先生は、涙が出るほど、うれしいです。

先ず、洋子ちゃんが、泳ぎのにが手な友だちの、心の支えになったこと、二つめは、がんばって、がんばって、最後の日、桜さんが、泳げたことです。洋子　ありがとう。

▲知的障害児・洋子ちゃんが友だちの心の支えになる

号ほど発行をしましたが、先生たちの話題にあがりません。率直に言えば、学校運営の責任者である学校長の手腕と感性がいかに未熟で鈍いかということです。僕が学校長なら、この実践記録を様々な部会で取り上げるよう指示し、教職員集団や教員一人ひとりの資質向上やまとまりに役立てるのですが、聞こえてくる声は「大変ね」「わたしの指導回数は三回。昨年より一回多いわ」です。教師の資質が危機的状況ととらえましょう。物の見方が経験主義に陥ると本質的な過ちを犯します。

⑦教師の官僚的体質に気付こう

教師の官僚的体質を次のようにランダムにまとめてみました。話し合う参考の資料

にしてください。

a閉鎖的である。地域に異常なほど警戒する。学級王国を築く。

b内部情報を隠す。担任にとって不都合な子どもの事実を隠す。歪曲する。

cわずらわしい手続主義。物事によっては手続き論に終始し、本質的課題を見失う。

d先例踏襲。マニュアルや規則に従うのみで修正しない。マニュアルすら読まない。

e画一的形成主義的発想。
f創意工夫の欠如。
イノベーティブな発想がなく、人としての魅力に欠ける。つまらない学級経営・授業。その認識すらない。読書をまったくしないで経験主義で判断する。幼稚な発想。

g派閥・仲間意識。縄張り根性。各委員会や学年間などの横断的つながり対応がない。

h地位や権利の乱用。子どもや親の訴えを聞こうとポーズはとる。しかし批判は聞く耳すらない。労働過重を口実に仕事を拒否。

i突発的なアクシデントに対応できない。問題行動を抱える子、障害のある子の担任を拒否する。ファシスト体制を作る学級経営。

通常級における障害のある子の対応に教師の醜い姿があちこちに見受けられます。クラス担任だけでなく管理職も同じです。

ある日の朝、学校の近くの畑で「親子四人を保護した」と管轄の警察署から連絡が入りました。担任は「私が教室から抜けたら他の子の指導はどうするのか」と、障害のある親子四人の保護を拒否、昼まで交番に放置した。この先生、自分の子の体調不良には年休取得をするのにです。

体重一〇〇キロの転入生は障害があって自立できません。職員会議は誰が担任になるか大騒ぎという始末です。

午後九時頃、ＪＲから担任に電話が入りました。電車で二時間のＡ県で「Ｂ君を補導したので、担任に受け取ってほしい」という依頼の電話でした。担任は保護者に連絡しましたが、保護者は子どもを受け取りに来ず酒を飲んでいたという。先生はそのまま放置しました。

通常級における障害児の無知による偏見・差別（特に担任）の多いことに、僕はうんざりし教師の官僚的体質ａ〜ｉまでが差別的意識と複雑にからんでいるようです。「差別・偏見」なんてキャンペーンを張るより、横浜市人権教育研究会の主催で行なった「④いらっしゃい、鍼灸師の遠田野さん」の授業実践と授業後の話し合いをするほうがどれほど実践的かと考えます。

・参考文献（順不同）

『半藤一利の歴史』　半藤一利　文芸春秋
『昭和史』　半藤一利　平凡社
『日本人の宿題』　半藤一利　ＮＨＫ出版
『日本戦後史論』　内田樹・白井聡　徳間書店
『オバタリアン教師から息子を守れ』　おおたとしまさ　中公新書ラクレ
『真実の先生』　戸田金一　教育資料出版会
『時の空　めぐる風』　遠田野ひろし　樹芸書房
『人間になる』第一～七集　編集委員会　樹芸書房
『学校の当たり前をやめてはいけない！』　諏訪哲二　現代書館
『学校をおもしろくする思考法』　妹尾昌俊　学事出版
『教師崩壊』　妹尾昌俊　ＰＨＰ新書
『希望格差社会』　山田昌弘　筑摩書房
『家族難民』　山田昌弘　朝日新聞出版
『新平等社会』　山田昌弘　文芸春秋
『パラサイト・シングルの時代』　山田昌弘　ちくま新書
『部活動の社会学』　内田良　岩波書店
『学校ハラスメント』　内田良　朝日新書
『道路構造令の解説と運用』　日本道路協会
『下流社会』　三浦展　光文社新書

『君たちはどう生きるか』　吉野源三郎　岩波書店
『ルポ教育困難校』　朝比奈なを　朝日新書
『教員という仕事』　朝比奈なを　朝日新書
『文部科学省』　寺脇研　中公新書ラクレ
『問題だらけの小学校教育』　東和誠　ベストブック社
『荒れには必ずルールがある』　吉田順　学事出版
『教師の資質』　諸富祥彦　朝日新書
『日本列島改造論』　田中角栄　日刊工業新聞社
『学歴分断社会』　吉川徹　ちくま新書
『ある昭和史：自分史の試み』　色川大吉　中公文庫
『生活史論集』　岸政彦　ナカニシヤ出版
『先生はえらい』　内田樹　ちくまプリマー新書
『鈴木道太著作選』　鈴木道太　明治図書出版
『子どもの発達と教育』　川合章　青木現代叢書
『神奈川県史』　各論編1　神奈川県
『学習指導要領』　文部科学省
『横浜市教育ビジョン（二〇〇六年他）』　横浜市教育委員会
『障害児に学ぶ』　伊藤隆二　福村出版
『あそび宝鑑』　菅原道彦　るいべ社
『近代日本児童生活史』　野本三吉　社会評論社
『地域からの教育づくり』　野本三吉　筑摩書房

参考文献

『風になれ！ 子どもたち』 野本三吉 新宿書房
『教師格差』 尾木直樹 角川書店
『子どもの心』 波多野完治・滝沢武久 大日本図書
『斉藤喜博を追って』 向山洋一 昌平社
『子どもの学校観』 指定都市教育研究所連盟 東洋館出版
『神奈川歴史散歩』 神奈川歴史教育者協議会 草土文化社
『教育入門』 五十嵐顕 新日本新書
『情緒障害児(3)緘黙症児』 十亀史郎 黎明書房
『情緒障害児の教育』 全国情緒障害教育研究会編 日本文化科学社
『緘黙・孤立児』 全国情緒障害教育研究会編 日本文化科学社
『あなたの町内会総点検』 佐藤文明 緑風出版
『教えることと学ぶこと』 林竹二・灰谷健次郎 小学館
『教育の再生をもとめて』 林竹二 筑摩書房
『教師とはなにか』 丸木政臣 青木現代叢書
『バウム・テストの臨床的研究』 林勝造・一谷彊 日本文化科学社

あとがきに代えて

「自分史」といえば、自分を中心に家族のできごとや社会の動きを背景として書き連ねていくのが常識でしょう。ところが僕の「自分史」はここから相当にズレてしまいました。「はじめに」で記述した色川大吉著『ある昭和史：自分史の試み』（中央公論社）によると「自己否定の契機をとおして歴史の全体像へ接近したい」と述べていますが、それは歴史専門家の立ち場であって庶民の一人としては、せめて「あらゆる資料を集めて忘却の底に眠っていた個人史を掘り起こし（主体と状況の内的結節点にメスを入れて全体の歴史を観望）できれば及第点」でしょう。現実的にはどうあがいてもむずかしいです。

僕は小学四年生から六十余年間の日記を中心に自分史を書き記しました。そこから時々の思い・願い・苦闘を描いていきましたので、僕の自分史には家族史が抜けていることを、このあとがきを書く段階で気付きました。

わずかでもよいから連れ合いと二人のわが息子の足跡を残さねば、と写真を数葉加える有様で、家族から「お父さんとしては失格。教師としては百点」と評価されるのは当然でしょう。

僕は子どもの頃から偉人伝や歴史小説が大好きでしたから、小中高校の歴史学習には大変興味を示したものですが、学年が上がるごとに「つまらん学習だなぁ」と受験対策としての教科として学ぶようになりました。なぜ歴史学習に興味が薄れていったのか、とくに近・現代史に関心をなくしたのか。それは疑うこともなく僕の親族がその時代を必死に生きていたことを授業者はまるで他人事のように語り、その生き様を軽視している学習に僕は気付いたからです。それは違います。指導者も庶民も歴史の中に描くことです。

僕の自分史の柱というか、視点は三つです。

一つめは、僕自身がその時、どう思い、考え、行動し、学び、生きてきたか。

二つめは、僕が三十代で教員に赴任したこともあって、子どもの頃から担任や先生方とどう関わり、何を思い学んだのか、クラス担任はどのような教育実践に取り組んだのか。これらを記述しておき、読み手の皆さんたちの参考としておきたいのです。

三つめは社会的・政治的背景です。いずれも心像的な描き方は否めないのですが、敗戦から復興期、高度経済成長とバブルの時の身の回りの様子をより具体的に描いてみました。その一つひとつは、時代を引き継ぐ人たちに必ず何らかの学びに役立つだろうと思い願っているからです。

僕が自分史出版に悪戦苦闘している間、学生時代からの友人で中途失明者の遠田野ひろしさんは、『時の空　めぐる風―視覚障害者の目に見えてきた風景―』（樹芸書房）を出版しました。とても心地よい刺激と感動を呼び起こし、僕の自分史のまとめにいっそうの拍車がかかりました。

僕の自分史を「書こう、ライフワークだ」と思い立ってから十八年。迷い、苦しみ、投げ出し、時に懐かしささえ覚え、涙ぐみ、ようやく軟着陸するところまできました。ここまで支えていただいた多くの皆さん、ことに樹芸書房代表の小口卓也氏、僕の最愛の連れ合いで理解者の喜久枝（元企業内健康管理室・看護師）には心からの感謝を伝えます。十八年かけて書きあげた自分史。今、まさに『楽しきかな　わが道を行く』。

二〇二四年三月

ヨッシー先生こと

高田次郎

〈追　記〉

民間企業で十年余り働き、教職生活を三十年余り勤めた僕の青年期・壮年期を自分史という形でまとめるとなると、教職生活の様子を中心に描こうというのは僕にとって自然の流れです。しかしその作業は実に息苦しく辛いものがあることを予測しました。教員生活を自分史に書き加えるのは避けたかったというのが本音でしたが、教職にあこがれ、天職とまで自分に言い聞かせた教員生活なのに、自分史にまとめないのは不自然という思いで教員生活を描くことに想いを切り換えました。改めて教育関係の資料をまとめ、教育書を読み直し、それは膨大な労力を要しました。

三十三歳で初任教師として赴任した時から僕の教育観は課題を抱えた子どもを学級の中心に置いたインクルーシブ教育にありました。柿内登君（学校緘黙症）、田畑で家族全員が一晩を過ごした山田君親子（両親が知的障害）、在日韓国人の木村君、知的障害を乗り越えて泳ぎ切った洋子ちゃんとその子をお手本とした松田桜子さん、プールサイドで拍子を送った子どもたち。課題を抱えた子どもをクラスの中心とした学級経営は、障害のある子の成長ばかりではなく、周りの子まで伸ばすことに気付きました。

子どもの自主性を大切にしたクラス経営は、クラスの歌まで作りました。歌詞は子どもたちと保護者が担当し、メロディーは中学校の音楽教師にお願いしました。『先生やっつけろ』という歌詞では、子どもたちは大興奮。子どもたちの自主性とのバランスに担任の僕は悩みました。

授業実践では、「楽しい・わかる授業」を具現化するために、北海道から沖縄まで現地調査をしました。社会科が嫌いなクラスが半年後には九八％まで大好きに変容させてしまいました。総合の学習では、保護者・地域住民と力を合わせて地域素材を発掘し、関ヶ原の闘いで使われたらしい火縄銃を教材化しました。学区の自然を生かして、川辺のよもぎ摘みやよもぎもちを食し、昔あそびを体験し、そのパワーはクラブ活動として自然探検クラブを設けてしまいました。地域住民の力が大きな支えとなり豊な教材となり、楽しい授業を組み立てていきました。

国語では読解力と文章表現力を重んじ、表現読みや日記指導を積み重ねました。算数では応用問題に力を入れて学習しました。小学五・六年から中学二年までヨッシー塾で学んだ児童・生徒が中学二年の前期期末テストで学年2・3・5・6番という成績をとりました。

インクルーシブ教育が全世界的に広がり、先年、国連は日本の障害児・者と通常児とを分離する特別支援教育をやめるよう勧告しました。インクルーシブ教育とは「すべての子が共に学び共に育つ」教育と定義付けているのですが、もう少し加えれば「障害の有る無しに関わらず、すべての子どもが共に学び、共に育つ」ことを理念とした教育で、保護者・指導者も学び合うことを願っている教育といえます。学校や行政側は、子どもの障害に応じた「合理的配慮」が要望されていることを理解しなくてはいけません。僕が初任の頃から訴え、取り組んできた教育実践はインクルーシブ教育のはしりと言えます。

　僕にとってのインクルーシブ教育とは、特別に工夫した教育内容ではありません。子どもは誰とでも共に学べば良いのです。学ぶ空間は、教室・校内・地域です。しかもその関わりやふれ合いは、深くなればなるほど、学校づくりや町の再生にまでつながっていくことを様々な取り組みから気付きました。

　インクルーシブ教育は今、ようやく始まったところのようです。それゆえ、クラス担任は、「子ども（課題を抱え必死に生きている子どもたち）と保護者、障害者の事実から」学び、感性と知性を掘り起こし、積み重ねることです。

　教師・教師集団・地域住民・行政は「どの子」も受け入れ「学ぶ権利」を命がけで保障することが望まれます。「どの子」とは障害の有無に限らずであり、「学ぶ権利」とはわかるまで自由に互いに学び合えることを示しますが、僕のインクルーシブ教育——いかがでしょうか。

著者　高田《たかだ》 次郎《じろう》（筆名）

略歴　1945年に千葉県で生まれる。

敗戦後の川崎南部で生活保護（準保）を受けながら母子家庭で過ごす。中学校を卒業後、神奈川県内の大手通信機メーカーなどで18年間働く。その間、定時制高校を自主留年し、5年かけて卒業。10年の放浪生活を経て33歳で教員の世界に入る。教育雑誌『人間になる』編集委員を歴任、分教場記念碑の設置、違法性のある変形5差路の遮断と安全対策に取り組む。教員退職後、地域で18年間学習塾を経営。

趣味は、ガーデニング、読書、映画鑑賞、町探検など。

これならできます
ヨッシー先生の**教育改革**

2024年3月20日　初版第1刷発行

著　者　高 田 次 郎
発行者　小 口 卓 也
発行所　樹 芸 書 房
〒186-0015 東京都国立市矢川 3-3-12
Tel&Fax：042(577)2738
jugei_042@road.ocn.ne.jp
印刷・製本　明誠企画株式会社

ISBN978-4-915245-80-0
定価はカバーに表示してあります